走向文化自信的历程

◎ 周忠华 著

湘潭大学出版社

图书在版编目（CIP）数据

走向文化自信的历程 / 周忠华著. -- 湘潭 : 湘潭大学出版社, 2021.12
ISBN 978-7-5687-0702-2

Ⅰ. ①走… Ⅱ. ①周… Ⅲ. ①中国特色社会主义－文化事业－研究 Ⅳ. ①G12

中国版本图书馆 CIP 数据核字（2021）第 270906 号

走向文化自信的历程

ZOU XIANG WENHUA ZIXIN DE LICHENG

周忠华 著

责任编辑：刘文情
封面设计：张　波
出版发行：湘潭大学出版社
社　　址：湖南省湘潭大学工程训练大楼
电　　话：0731-58298960 0731-58298966（传真）
邮　　编：411105
网　　址：http://press.xtu.edu.cn/
印　　刷：广东虎彩云印刷有限公司
经　　销：湖南省新华书店
开　　本：710 mm×1000 mm 1/16
印　　张：9.75
字　　数：175 千字
版　　次：2021 年 12 月第 1 版
印　　次：2021 年 12 月第 1 次印刷
书　　号：ISBN 978-7-5687-0702-2
定　　价：46.00 元

湖南省教育厅科学研究优秀青年项目成果（18B403）

湖南省高校思想政治工作专项资金资助（20GG009）

前 言

中国特色社会主义作为一个总体性存在，包括四重意蕴：第一，中国特色社会主义既是社会主义作为自然历史过程在中国呈现出的结果，又是社会主义作为自然历史过程所呈现出的新的历史运动形式，其外在表现形态即为中国道路（包括中国特色社会主义革命道路、建设道路和发展道路等）。第二，中国特色社会主义是一个多层次的理论体系，既有分析和解决问题的方法论，又有关涉具体问题的知识论，还有明确问题发展目标的价值论，其外在表现形态即中国化马克思主义，包括毛泽东思想、邓小平理论、“三个代表”重要思想、科学发展观、习近平新时代中国特色社会主义思想等。第三，中国特色社会主义是一种社会制度，是社会主义基本制度和共产主义制度在中国的实践，其外在表现形态是中国制度，包括起顶层决定性、全域覆盖性、全局指导性作用的根本制度，贯彻和体现国家政治生活、经济生活的基本原则、对国家经济社会发展等发挥重大影响的基本制度，以及由根本制度和基本制度派生而来的、在国家治理各领域各方面各环节发挥具体作用的重要制度。第四，中国特色社会主义是一种价值观，既是社会主义价值理念在中国的践行，又是关于中国特色社会主义的意义、作用和效果的系统化的观点，其外在表现形态即中国特色社会主义文化。这四重含义的综合化充分体现了“什么是中国特色社会主义、怎样建设中国特色社会主义”的总体本质。

基于对中国特色社会主义总体性的理解与把握，作为下位范畴的中国特色社会主义自信话语体系就是由“道路自信”“理论自信”“制度自信”“文化自信”四位一体构成的。不过，“四个自信”的关系不是单一的，而是复杂的；不是抽象的，而是具体的。

在表现形态上，“四个自信”是一种并行并列关系。按形态学观点，同一事物由于观测视角的差异往往表现为不同的表现形态。社会主义内含历史过程、理论体系、社会制度和精神四个层面的内容；中国特色社会主义内含道路、理论体系、制度体系和文化四个层面的内容。因此，中国特色社会主义道路、中国特色社会主义理论体系、中国特色社会主义制度和中国特色社会主义文化，分别是中国特色社会主义的实践形态、理论形态、制度形态和价值形态。中国特色社会主义“道路自信”“理论自信”“制度自信”“文化自信”，分别是中国特色社会主义自信话语体系的实践形态、理论形态、制度形态和价值形态。“四个自信”密切关联，“道路自信”是“理论自信”“制度自信”“文化自信”的基础；“理论自信”是“道路自信”“制度自信”“文化自信”的反映；“制度自信”是“道路自信”“理论自信”“文化自信”的固化；“文化自信”是“道路自信”“理论自信”“制度自信”的灵魂。

在认识过程上，“四个自信”是一种渐次递进关系。虽说中国特色社会主义“道路自信”“理论自信”“制度自信”“文化自信”的“四位一体”与“主从复合”是客观存在的事实，但从认识规律来看，中国共产党和人民群众对中国特色社会主义“道路自信”“理论自信”“制度自信”“文化自信”的认识，并不是共时性展开，而是历时性深入，是在推进中国特色社会主义伟大事业实践与发展进程中，先后被认识到的，它们之间存在着渐次递进的关系，并不是如有学者所认为的“并没有明显的先后顺序之分，几乎是同时进行的”①。按照历史唯物主义观点，建设中国特色社会主义是以问题为中心、以问题为导向的，而核心问题就是“道路问题”，因为它是一个

① 刘文佳，于安龙．论中国特色社会主义“三个自信”的整体性［J］．延安大学学报，2014（3）．

“关乎党的命脉，关乎国家前途、民族命运、人民幸福”① 的生死攸关的问题。回首中国共产党百年的奋斗史，对“道路问题”的探索、认识与求解始终是第一位的，并最终成功开辟了中国特色社会主义道路。因此，对道路自信的认识自然是第一位的。伴随中国特色社会主义道路从确立主题到初步开辟再到基本形成与不断完善，中国特色社会主义理论体系围绕着“什么是社会主义，怎样建设社会主义”“建设什么样的党，怎样建设党”“实现什么样的发展，怎样发展”“坚持和发展什么样的中国特色社会主义，怎样坚持和发展中国特色社会主义”等基本问题而建构起来。在“坚信，世界上赞成马克思主义的人会多起来的”基础上，中国共产党人和中国人民在理论与实践的互动中坚定了对中国特色社会主义理论体系的信心。当然，道路选择与中国共产党执政的制度选择安排相关，不过，每项制度都有自己的根基铺垫。例如，中国特色的人民代表大会制度的根基铺垫于新民主主义革命时期的政权组织形式，中国特色的多党合作和政治协商制度的根基铺垫于中华人民共和国筹建时期。但作为体系性架构的中国特色社会主义制度，是渐进改进、内生性演化的结果②，还需要有一个继续建立和巩固的过程③。至于文化自信，作为一个命题，是习近平总书记2014年提出，在纪念中国共产党成立95周年的大会形成共识。

为什么中国共产党会郑重地提出“文化自信”呢？为什么在“道路自信”“理论自信”“制度自信”之外还需要呼唤“文化自信”的回归呢？

一是中华文化富涵治国理政的经验智慧。一个国家的治理体系和治理能力总是受到该国历史传承和文化传统的深刻影响。这种影响主要体现在既为当代社会的道德建设提供有益启发，又为国家治理提供有益启示。因此，解决中国的问题只能在“中国”这一特定空间场域中探寻适合自己的道路与方法。

二是中华文化蕴藏吸引世界眼光的软实力。学习借鉴别国别民族的先进

① 中共中央文献研究室．十八大以来重要文献选编：上［M］．北京：中央文献出版社，2014：8.

② 习近平谈治国理政：第一卷［M］．北京：外文出版社，2018：105.

③ 毛泽东文集：第七卷［M］．北京：人民出版社，1999：216.

文化是增强文化自信的重要条件，但任何一个国家、任何一个民族如果不珍惜自己的思想文化，就如同丢掉灵魂一般，是永远立不起来的。在5000多年文明发展进程中，中华民族的文化基因与当代文化相适应、与现代社会相协调，具有独特的魅力。中华文化同中国道路一样，“具有无比广阔的舞台，具有无比深厚的历史底蕴，具有无比强大的前进定力”①。

三是新价值观需要容纳中华文化传统精华。传统文化的精华是一个国家、一个民族得以传承与发展的精神命脉，丢掉优秀传统文化，好比割筋断脉。在积极培育和践行社会主义核心价值观的今天，我们需要优秀传统文化进行创造性转化、创新性发展，以此涵养社会主义核心价值观。

四是中华文化延续着民族梦想的华夏文脉。文化兴盛是实现一个国家、一个民族强盛的重要支撑，实现中华民族伟大复兴的中国梦需要以中华文化发展繁荣为条件，没有文明的继承和发展，没有文化的弘扬和繁荣，就没有中国梦的实现。②

曾几何时，在国人看来，中华文明或华夏文明不是世界上众多文明中的一种文明形态，而是世界上唯一的文明形态。“中央之国”的字里行间彰显着国人对中华文明的高度自信，甚至可以说在文化心态上有些自负。当然，曾经的文化自信乃至文化自负，是以中华民族当年的朝贡体系、强大的经济实力以及独一无二的国际地位为基础的，也是由中华文明当年在世界民族之林独占鳌头的地位所决定的。如此，基于国家处于核心或“共主”地位，国人自然会有一种文化优越感和民族自豪感，而外族在朝贡时也会迎合当年的封建统治者那种“天朝上国”“中央之国”的文化心理。比如说英国使者马戛尔尼率团来觐见乾隆皇帝提出通商要求时，乾隆皇帝却对他们说：“天朝物产丰盈，无所不有，原不借外夷货物以通有无”③。

不料到了1840年，英国对中国发动鸦片战争。遭受坚船利炮的沉重打击之后，国人开眼看世界，顿感无知，整个民族的文化心态迅速由曾经的骄

① 习近平谈治国理政：第一卷［M］．北京：外文出版社，2018：29.

② 中共中央文献研究室．习近平关于社会主义文化建设论述摘编［M］．北京：中央文献出版社，2017：5.

③ 清实录．高宗纯皇帝实录：卷1435［M］．北京：中华书局，1986：185.

傲自大的文化自负变为当时技不如人的文化自卑。因为“西方列强的枪炮摧毁的不仅是中国人的主权、生命与财产，还有中国人的价值自信”①。正如利玛窦所讲：因为不知道地球的大小而夜郎自大，所以中国人认为所有各国中只有中国值得称羡……在他们看来，世界上没有其他地方的国王、朝代或者文明是值得夸耀的；这种无知使他们愈骄傲，一旦真相大白，他们就愈自卑。②

特别是随后进行的反侵略战争遭遇了屡战屡败，不仅使朝贡体系瓦解、封建王朝失去“共主”地位，更为主要的是还沦落为半殖民地。可以说，整个民族的文化心态从自负演变为自卑，这在中国文化发展史上是一次非常重大的挫折。

对自近代以来的文化自卑作出积极回应的众多历史行动之中，《中国本位的文化建设宣言》《新民主主义的政治与新民主主义的文化》《为中国文化敬告世界人士宣言》《甲申文化宣言》，以及中国共产党十五大政治报告和十九大政治报告的发表或发布是绕不过去的具有标志性的历史事件。因为这六份文献的发表或发布，直接体现了自近代以来中华民族重塑文化自信的心路历程，即从文化自卑、文化自立、文化自省、文化自觉，到今天我们正在经历新时代中国特色社会主义时期的文化自信。

文化以“宣言”“报告”的方式加以表达，其内容自然会受到形式上的限制。“宣言”“报告”在其实现性上就是纲领性的，而不是实质性的；是态度性的，而不是操作性的；是指导原则，不是实践程序。就以上六份文献的精神来说，这种宣称无可厚非，而且“宣言”“报告”的意义更多就在于如此宏阔的宣称，正如《共产党宣言》的结束语“全世界无产者，联合起来!”就充分表达了“宣言”形式的意义与特质。因此，期望从“宣言”“报告”中得到具体的文化建设方略并以此苛责它们，那是没有了解“宣言”“报告”这种表述方式的特质。它们表明的只是方向、原则，不是步

① 莫凡，李惠斌．中国特色社会主义的价值自信何以可能？——兼以社会主义“自由”价值观的自觉为例［J］．科学社会主义，2015（02）．

② ［意］利玛窦，（比）金尼阁．利玛窦中国札记［M］．何高济，王遵仲，李申，译．北京：中华书局，1983：13.

骤、程序。

当然，我们解读《中国本位的文化建设宣言》《新民主主义的政治与新民主主义的文化》《为中国文化敬告世界人士宣言》《甲申文化宣言》以及中国共产党十五大政治报告和十九大政治报告等文献，不能将其限定在文献发表的时段，而是要将一百多年来的中国历史纵向贯通，如果我们的解读能够将这些文献合而观之，那么就能够发现，近代以来中国文化发展的方向性。也正是在此意义上，我们不仅将向读者们展现中国共产党与知识分子双主体在走向自信的过程中交叉寻找着文化前进方向，还要向读者们展现中国文化与世界文化双向互动，更是要向读者们展现马克思主义中国化视域中的文化自信演进和从文化自信的演进历程看马克思主义中国化的双重观照。

目　录

第一章　差异与同一：出场学视阈下的文化自信

时下对文化自信研究多围绕理论渊源、基本内涵、根本要求以及现实价值而展开，这些研究取得了丰硕成果，却也让人觉得文化自信就是一个“当下”的现实问题。其实不然，文化自信既是“当代”的现实问题，也是“当年”的现实问题，且有一个从“当年”到“当代”的转型过程。研究文化自信的历程就是本书的旨归。但研究文化转型的历程问题，不宜就文化转型讨论文化转型、就文化自信讨论文化自信。如果人们不了解中国历史上文化观念的变迁过程和发展脉络，也就不可能了解我们为何要坚定文化自信，进而容易形成妄自尊大的论调——“我自信，我就是自信”，或者是妄自菲薄的论调——“因为不自信才倡导自信”。基于此，需要用历史眼光辩证地看待之，如此才能对文化自信的“当年”与“当代”——从近代之前的文化自满，中经文化自卑、文化自省、文化自立、文化自觉，到当下的文化自信——及其历史间距有一个有力的解释。

第一节　生成文化自信的出场差异

讨论文化自信的生成，有总体史、论争史、心态史、时段史等研究范式。差异的“眼光”有着不一样的“视界”。本书选择出场学作为分析问题的基本工具，因为文化自信从当年到当下、从本来到未来、从中国到世界，其出场语境、出场路径、出场形态都有差异。

一、联系的、发展的、全面的眼光审视文化自信

审视文化自信的生成，要坚持辩证唯物论和唯物史观，用联系的、发展的、全面的眼光审视之，否则就会产生碎片化的结果。

第一，用联系的眼光而不是孤立的眼光看待之。人们确实需要弄清楚各个阶段文化的心理特征，需要弄清楚各个阶段具体的文化事件，但是面对这些孤立的、单个的文化事件，必须将其置放在一个民族、一个国家的发展史甚至人类历史的长河中作发展情况、影响程度的评价，方可真正揭示隐藏在具体文化事件背后的本质内容和历史价值。我们讨论文化自信的生成，必须是从大处着眼，将其置放在“两个一百年”的历史大背景中去考察。在此背景下，人们就可以深切地体会到，从鸦片战争之前的自满，经鸦片战争之后的自卑、民国时期的自省，到中华人民共和国成立之后的自立、改革开放之后的自觉，再到现如今的自信，中国文化是如何一步步走向世界，与其他民族文化齐头并进的。

第二，用发展的眼光而不是静止的眼光看待之。历史都是现实的历史，现实都是历史的现实；不知晓过往历史就不能知晓现实，也就不可能知晓未来趋向。总结历史，以史为鉴，便是需要从历史经验中揭示历史现象背后所隐藏的历史规律，用以指导现实、开辟未来，一切都是“向前看”的。如此，对文化自信生成问题的考察与研究，应始终体现着时代性。当人们面对《中国本位的文化建设宣言》发表、延安文艺座谈会等若干静态事件，只能用发展的眼光，才能审视出文化自信生成的历史意义，并从厚重的历史积淀中进行挖掘。倘若缺失这种发展的眼光，就难以理解中国特色社会主义文化源于5000多年的中华民族优秀传统文化的涵养；源于在中国人民近代以来民族斗争中选择了中国共产党、选择了马克思主义、选择了社会主义道路；源于在中国共产党百年奋斗中从根本上改变了中国人民和中华民族的前途命

运，踏上实现民族伟大复兴的征程；源于在中华人民共和国 70 多年发展中中国共产党团结带领全国各族人民成功建设中国特色社会主义的伟大实践；源于在改革开放 40 多年探索中坚持和发展中国特色社会主义。

第三，用全面的眼光而不是片面的眼光看待之。一般说来，应该把区域史放在整体史中考察，将断代史放在通史中考察，将民族史放在世界史中考察。如果过分强调某一区域、某一阶段、某一民族、某一领域历史的特殊性，没有把其放在整个历史时代、整个世界体系中加以分析，往往是缺乏贯通气势和全球视野的。当然，如果过分强调整个历史时代、整个世界体系，而忽视区域史、断代史、民族史、专门史的特殊性，也就无法真正深入地了解该区域、该阶段、该民族、该领域了。任何片面的眼光都不可能让人们正确认识和把握历史现象背后所隐藏的历史规律，更不可能利用历史规律去开创美好未来！文化是多样化的，中国文化发展就是在丰富世界文明。当然，中国文化的发展，是在民族性与世界性的互动中作出相应选择的。现如今，需要立足国情，以全面眼光来看待中国文化和世界文明，才能更好地促进中国特色社会主义文化发展。具言之，中国文化的发展要坚定不移地走自己的路，与此同时，也必须看清别人走过的路究竟是荆棘丛生的茅草道还是一帆风顺的康庄大道？他们为什么会是荆棘丛生或者一帆风顺的？自己能否从荆棘丛生的茅草道走出万丈光芒来？基于此等思考，以自身的发展赢得世界的目光，并在世界文明发展的大格局中找准自己的应有地位，努力实现对世界发展的关照。全面的眼光还包括中国文化发展应该是五位一体总布局协同发展，不但文化要转型发展，而且经济要转型发展，民主法制要健全，人们的思想道德水平、综合素养要提升。

强调“历史的”，并不意味着没有“逻辑的”。恰恰相反，“历史的与逻辑的相一致”，因为历史进程是受内在的一般规律支配的。① 但近些年来，很多人在讨论文化自信生成时，基本聚焦于具体历史事件。如讨论文化自卑时，多会说到鸦片战争、甲午战争；讨论文化自省时，多会说到胡适在《独立评论》上的三论“信心与反省”，说到“科玄论战”“中国文化论战”“东

① 马克思恩格斯文集：第四卷［M］. 北京：人民出版社，2009：302.

西文化论战”，或是《中国本位的文化建设宣言》；讨论文化自立时，多会说到毛泽东的《中国人民站起来了》和《在延安文艺座谈会上的讲话》；讨论文化自觉时，多会说到费孝通先生的文章、著作，或是《甲申文化宣言》；讨论文化自信时，多会说到2014年2月24日中央政治局集体学习时习近平总书记提出了“增强文化自信和价值观自信”论断，说到《关于加快构建中国特色哲学社会科学的意见》，说到党的十九大报告。其实，引人注目的历史事件背后，一定有一个能够解释其前因后果的基本情势在发挥作用，而情势生成、演化，又是由社会形态所决定的。如此，可以从历史事件、历史情势、社会形态这三重视角分析文化自信生成的历程。

二、历史事件、历史情势、社会形态

中国历史上有过多次少数民族入主中原的情况，甚至统治数百年，但仅仅是改朝换代，维护封建制度的文化依旧占据高势位，依其高势能“用夏变夷”，从未因政权更迭而“用夷变夏”。但文化势能的高低是相对的。在近代，殖民东方社会的西方列强都是一些生产力发展程度远超东方社会的国家，他们殖民东方社会时，因自身发展程度高而不受殖民地文明影响。如此，曾经非常灵验的“用夏变夷”招数不但失灵，反而面临着被西方列强“用夷变夏”的危机。中国近代历史已经反复证明，在高势能文化面前，不管文化保守主义者如何顽固地抵制“洋夷”，也不管全盘西化主义者如何坚决地照搬“洋夷”，中国文化或被迫或主动地走向了“用夷变夏”的历史潮流。在此进程中，有表征近代以来文化自信生成的标志性历史事件，有体现其发展动向的阶段性历史情势，有制约其发展走向的社会形态。

发生在历史中的那个活生生的现实存在，可以分为“历史的事件”和“历史性事件”两类。“历史的事件”是指那些结果既定不变的事情，它从属过去又是结果；“历史性事件”是指那些发生在过去却指向未来的事情，它承前启后、继往开来。因此，“历史的事件”与“历史性事件”根本不是一回事，不管是时间向度还是形态维度上都是大相径庭的：一是“历史的事件”只从属于过去，而“历史性事件”还指向未来；二是“历史的事件”

作为结果不再有任何变化，而“历史性事件”既是过去的结果又是未来的起始；三是“历史的事件”多是自然性举动，而“历史性事件”多是必然性表现。正是这些内在的差异，使得“历史的事件”在历史中的发生要比“历史性事件”多得多。

就文化自信的生成来说，就有鸦片战争、《海国图志》的出版、《资政新篇》的刊行、洋务运动、维新变法、科举制度的废除、五四运动、中国共产党的成立、中国社会性质和社会史论战、《中国本位的文化建设宣言》发表、延安整风运动与延安文艺座谈会讲话、《为中国文化敬告世界人士宣言》发表、《甲申文化宣言》发表、《中共中央关于深化文化体制改革、推动社会主义文化大发展大繁荣若干重大问题的决定》的出台、《关于加快构建中国特色哲学社会科学的意见》的出台、中国共产党十九大的召开等事件在历史中发生过。但“历史性事件”却是非常有限的。

依其对文化自信生成的影响程度来看，具有里程碑意义的“历史性事件”首先当属鸦片战争。从总体上进行判断，在鸦片战争之前，国人基本上是保持一种“文化自满”的心理状态。鸦片战争中，清政府战败，旧中国从此深陷政治与文化双重危机之中，而文化危机是更广泛、更根本的危机。正如贺麟先生所言，中国近百年来的危机，根本上是一个文化的危机。① 这是因为帝国主义入侵、殖民这一外在力量的严重冲击引起当时国人普遍存在着“惟新是求”的心理焦虑，从而陷入文化心态严重失衡的状态。② 但鸦片战争是当年先进知识分子“睁眼看世界”的起点，而马克思主义则是他们所看到的未来。

其次是新文化运动。因为这个事件成了当时国内掀起文化启蒙思潮和进行社会变革的契机，特别是先后引进了“民主”“科学”与“马克思主义”，并以此来对中国传统价值观念进行革故鼎新，在此过程中推动了马克思主义在中国的广泛传播。

再次是中国共产党的成立。这个事件是中华民族发展史上一个开天辟地

① 贺麟．文化与人生［M］．北京：商务印书馆，1999：5.
② 郑师渠．近代的文化危机、文化重建与民族复兴［J］．近代史研究，2014（04）．

的大事，既标志着为中国人民谋幸福、为中华民族谋复兴的事业从此有了中国共产党作为领导力量，又表明近代以来中国文化转型发展的方向和进程将面临深刻改变，世界文明发展的趋势和格局将面临深刻改变。

又次是《中国本位的文化建设宣言》《新民主主义的政治与新民主主义的文化》《为中国文化敬告世界人士宣言》《甲申文化宣言》的发表。《中国本位的文化建设宣言》在社会力主全盘西化的背景下主张“从事于中国本位的文化建设”；《新民主主义的政治与新民主主义的文化》提出了新民主主义文化纲领；《为中国文化敬告世界人士宣言》把中国文化放置在世界文明体系的宏大叙事背景中，表达中国文化以及中国人生命安顿与精神寄托的世界性；《甲申文化宣言》为适应新世纪世界形势发生的巨大变化作出了文化应对策略。最后是党的十五大与十九大的召开。党的十五大政治报告提出了中国特色社会主义文化纲领；而党的十九大使文化自信成为全党、全国的共识，与道路自信、理论自信、制度自信一道成为自信中国话语体系的基本“位”，使自信中国话语体系的“总体性”在结构上得以完整。

具有标志性的事件虽然引人注目，但具体历史（性）事件得以生发历史（性）事件一个接着一个不断演化是有情势基础的。历史情势，主要是指特定社会在中时段内影响历史事件发生的特殊历史条件。例如马克思曾在《路易·波拿巴的雾月十八日》第二版序言中谈到自己写作的目的就是要解释当时法国所面临的特殊的历史情势。在马克思看来，历史情势就是“活的历史”最为基本的历史表征。

从历史情势来看，鸦片战争以后，中国被暴力地裹入现代化浪潮之中，在寻求国家独立民族解放、国家富强人民富裕的历史过程中，我们是迫切要求摆脱“落后就要挨打”的被动局面，高度期许“让中国走向世界”。因此，历史的亲历者一直在思变。对鸦片战争失败的反思结果是中国“技不如人”，中国没有像西方那样的先进技术，于是轰轰烈烈办洋务，“师夷长技以制夷”。但是后来船坚炮利的中国北洋水师却在甲午战争中惨败于日本，人们看到办洋务仍然不济于事，于是继续反思，思考的结果是中国“制不如人”，中国没有像西方那样的先进体制，于是轰轰烈烈搞维新，“变法自强”。可戊戌变法维新运动仅百余日就退出历史舞台，于是再反思，思考的结果是中国“思不如人”，中国没有像西方那样的先进思想观念，于是轰轰烈烈搞新文化运动，用新的社会思潮对中国传统价值观念进行革故鼎新。这一过程始于“五四新文化运动”，并持续至今，其间经历无数波折——中体西用与西体中用之争、科学与玄学之争、文言与白话之争、全盘西化与本位建设之争……但其中的情势是，在坚持民族文化主体地位的基础上如何汇通西方文化之精华。正如陈寅恪所说：其真能于思想上自成系统，有所创获者，必须一方面吸收输入外来之学术，一方面不忘本来民族之地位。①

这种情势也奠定了中华人民共和国成立后的文化自立、改革开放后的文化自觉和进入新时代后的文化自信之基础。

对于那些亲历者来说，为什么所信仰的对象总是处于不断转换之中呢？即从“技术”经由“制度”再到“思想”，而思想文化又从“中国化”到“去中国化”再到“再中国化”。这就需要用“长命而稳定的社会结构”即社会形态来进行分析。马克思认为，经济结构、政治结构及思想文化结构等彼此依存、相互作用，共同构成人类社会②；人类社会的每一种形态都是一个长时段；在诸种结构中，经济结构对某种社会形态的形成、发展、消亡起到基础性、决定性作用。因为社会生活中的一切“就是从这个基础上发展起来的，因而，也必须由这个基础来解释，而不是像过去那样做得相反”③。马克思的“社会形态”不单单是一个体现历时性的范畴，更是一个体现总体性的范畴。因为人类社会是由经济结构、政治结构及思想文化结构等构成的有机体，历史本来就是一个包罗人类活动各个领域的“总体”。这种总体性首先就体现为结构性总体，即经济结构、政治结构及思想文化结构等共同构成人类社会；其次是一种空间性总体，即存在于地球上每一个民族国家以及置身其中的每一个个体的需要的满足都凭借于整个世界。

从社会形态来看，在鸦片战争之前，中华文明是一个前现代的社会机体，有着简单再循环的自然经济、专治独裁的封建政治、法古崇圣的封建文化，是一个外防夷夏、内讲尊卑的封闭社会。这个“长命而稳定的社会结

① 陈寅恪．金明馆丛稿二编［M］．上海：上海古籍出版社，1980：250.
② 马克思恩格斯文集：第二卷［M］．北京：人民出版社，2009：591.
③ 马克思恩格斯文集：第三卷［M］．北京：人民出版社，2009：601.

构”，在数千年的历史中，一脉相传且不断强化。因此，在帝国主义入侵之前，中国历史发生的起义运动、变法运动“除了改朝换代以外，他们没有给自己提出任何任务”，如此，社会基础停滞不动，而夺得政治上层建筑的人物和种族却不断更迭①。帝国主义入侵后，旧中国由一个独立的封建社会逐渐沦落为一个半殖民地半封建社会。中国共产党成立后，以马克思主义为指导，领导全国各族人民进行革命、建设和改革，使社会主义制度在中国全面确立并不断完善。通过这个社会结构面和历史长时段相结合的分析，可以看到，中国遭遇前现代价值观念、现代价值观念、后现代价值观念的共时性出场，而这正是文化自信生成过程中强调要创造性转化、创新性发展的深层根源。

三、中国文化、马克思主义、西方文明

由于文化自信的出场语境发生在中国文化、马克思主义和西方文明交往碰撞的时代，如此一来，对它的讨论还需要从世界历史的长时段对其作出分析。

文化是差异化生成的。在民族历史尚未成为世界历史之前，人类都是以一种分离的状态——自觉的群体而又自发的类的形式——栖居于地球，在这种分离状态下形成了各民族、各国家彼此差异而又自成体系的文化价值观念。正如布罗代尔指出：各个星球庇护一种独特的文明或文化，各个文明或文化又各有其长时段的特性和选择。②

但在十六世纪前后，发生了诸如“新航路的开辟”、“新大陆的发现”、“第一次环球航行”、西方向美洲殖民、马丁路德宗教改革等历史事件，而这些历史事件形成历史合力，促成了殖民入侵、启蒙运动等历史情势，并导致了工业革命、科学革命、思想革命、资产阶级革命……马克思用“世界历

① 中共中央马克思列宁恩格斯斯大林作译局．马克思恩格斯论中国［M］．北京：人民出版社，2015：122.

② ［法］费尔南·布罗代尔．15 至 18 世纪的物质文明、经济和资本主义：第一卷［M］．顾良，施康强，译．北京：生活·读书·新知三联书店，2002：668.

史”一词来概括该时代的特征①，特别是在资本逻辑的推动下，“一切国家的生产和消费都成为世界性的了”②，并且，彼此相对孤立发展的文明旧格局演化成为“使未开化和半开化的国家从属于文明的国家，使农民的民族从属于资产阶级的民族，使东方从属于西方”③ 的新局面。从全球价值观念的坐标系来看，人类社会开始进入以西方文化霸权为特征的世界历史“长时段”。如此，在帝国主义入侵旧中国后，那种依傍经济实力与军事实力的文化霸权主义便大行其道，带着所谓“开创世界历史使命”，开始传播所谓的“进步文化”。进而，文化自信的生成也就无法规避世界历史洪流的席卷，并带来传统文化的变革。尔后发生的《资政新篇》的刊行、洋务运动、维新变法、科举制度的废除、“辛亥革命”、五四运动等历史事件在一定程度上可以说是中、西两种社会形态交集的结果。

历史告诉人们，资本主义生产方式的出现，使广大劳动群众从人身依附的封建关系中走出来，但随即又陷入资本主义新的剥削方式中，为资本主义所奴役。资本主义活生生的现实，打破了启蒙学者对这个新社会的华美预言。因为，西方文明开启的世界历史好似一场全球性的文化启蒙运动：以西方文化与价值观念重塑东方文明！这好似一场人类的精神解放运动：用西方文明之光普照黑暗的东方大地！殊不知，这是一场西方主导的全球性的文化重构！殊不知，这是一次假“文明”之名、借“野蛮”手段开展的文化霸权活动！殊不知，这是一回同化东方文化、皈依西方价值、力图使东方人成为“黄皮白心香蕉人”的文化侵略！因此，以往那种以介绍东方文化为主的“东学西传”很快就变成了以“开化”“解放”那片“野蛮”东方的“西学东渐”。事实上，西方在东方所做的一切“既不会使人民群众得到解放，也不会根本改变他们的社会状况”④，因为他们所做的一切并不归人民所有，只不过要让东方国家丧失其独立性。作为资本主义的对立面，社会主义应运

① 马克思恩格斯文集：第一卷［M］．北京：人民出版社，2009：540—541.

② 马克思恩格斯文集：第二卷［M］．北京：人民出版社，2009：35.

③ 马克思恩格斯文集：第二卷［M］．北京：人民出版社，2009：36.

④ 马克思恩格斯文集：第二卷［M］．北京：人民出版社，2009：689.

而生。与资本主义长时段结构①相吻合的则是持续至今的世界社会主义五百年历史。在世界历史的大背景下，社会主义思想作为一种超越民族片面性和局限性的世界性文化思潮，在理论与实践的互动中，从理想变为现实；在随后的实践中，又从一国到多国。

当然，对于文化自信生成的讨论，历史事件、历史情势、社会形态只能作为一种研究视角，而马克思主义和中国文化才是剖析问题的根本依据。

从历史进程来看，国人在寻求中国向何处去的问题时所经历的就是一个从文化自卑到文化自信的过程。此过程的外显，便是从对民族文化的自满中醒悟过来，转向批判为皇权统治服务的封建文化，追求西方的制度与思想；然后又从西方的制度与思想的迷幻中醒悟过来，转向批判西方制度与思想的弊端，追求社会主义；中国共产党成立后，以马克思主义为指导，不断推进马克思主义的中国化、时代化和大众化。然而，不论中国新旧社会的区别有多大，社会发展在很大程度依然受益于优秀传统文化，或者说是受益于传统文化中的积极因素。中国特色社会主义伟大事业的发展不是凭空而来的，它既定的条件在历史中。中华优秀传统文化就是既定条件的重要组成部分。没有本来，哪有未来？只有坚持从历史走向未来，不断地对中华优秀传统文化进行创新性发展和创造性转化，方可信心百倍地推进中国特色社会主义伟大事业持续发展。

马克思主义虽然是一种外来文化，但在近代中国陷入前所未有的政治危机和文化危机的困境中，它因与中华传统文化有契合点和亲和性，能够担当起统一思想的重任，是改变中国命运的工具而超越传统文化、自由主义、三民主义等成为中国历史和中国人民的最终选择。因为文化传播是一条双轨线，它同时取决于输入的观念的有效性和促成这种输入的内部刺激的广泛性。众所周知，近代中国的社会性质决定了当时的历史任务就是反封建主义与反帝国主义，于是在思想文化领域，这一双重任务成为批判封建文化后很快越过西方文化而追求马克思主义的现实依据。从理论依据来看，一个民族

---

① ［法］费尔南·布罗代尔. 15 至 18 世纪的物质文明、经济和资本主义：第 1 卷［M］. 顾良，施康强，译. 北京：生活·读书·新知三联书店，2002：72.

还没有强大到能够完全摆脱被帝国殖民以前，是不可能收获殖民者在他们中间播下的新的社会因素所结的果实的。因为帝国主义侵华的目的是要把中国变为他们的附庸国，文化殖民在于使民族丧失精神独立性。而马克思主义为我们提供了科学的阶级立场——人民的立场，提供了最高的价值理念——实现人的全面而自由发展，提供了科学的方法策略——走群众路线。如此，中国人民选择马克思主义作为社会主义革命与建设的指导思想，走社会主义道路，成为历史的必然。如今，马克思主义是我们坚定文化自信最深厚的理论根底。

在推动中国特色社会主义文化大发展大繁荣的今天，必须是既接着马克思主义讲，又接着中华优秀传统文化讲，是两个接着讲的统一；既不能用马克思主义消解中华优秀传统文化，也不能用中华优秀传统文化消解马克思主义。讲文化自信，一定是中华优秀传统文化自信、革命文化自信和社会主义先进文化自信的统一。

第二节　生成文化自信的在场同一

在场的"同一"所形成的具有稳定性与持续性的存在状态，是"差异"的出场赖以行动的必要前提。也就是说，在文化自信生成心路中必然有一以贯之得以坚守下来的东西，这个保持"不变"的稳定逻辑，是中国文化持续在场的阐释向度和行动向度。近代以来，特别是中国共产党成立后，在坚持文化独立性的基础上，以马克思主义为指导，以"民族的科学的大众的社会主义文化"为纲，确立了服务于兴国之魂的"一与多"相统一的架构，就是那个"不变"的稳定逻辑。

一、文化独立性是生成文化自信之根

文化是差异生成的，但差异生成的文化并不一定有交往。在民族历史时期，每种民族文化都是一种独立存在。当人类进入世界历史时期，世界性的

交往使得不同的民族文化相互影响、相互渗透，也使得不同的民族文化在世界文化体系中扮演着特殊角色，发挥着独特功能。关联性越强，才能真正彰显独立性越强。所谓文化的独立，是指联系中的独立，而不是无关联的孤立。其具体内涵是指每一个民族的文化都有一种异于其他民族文化的“独特性”形态（包括独特的存在形态和独特的精神内核）及其发展的“自主性”状态；发展的“自主性”以存在的“独特性”为前提，没有存在的“独特性”，也就没有发展的“自主性”；存在的“独特性”以发展的“自主性”为目标，没有发展的“自主性”同样也没有存在的“独特性”。当然，独立性并不意味着排他性，相反，独立性是普遍联系、相互借鉴、相互吸纳的内在根据。

按照张岱年先生的看法：每一伟大的民族都有其民族文化；每一民族文化都有其基本精神，亦可称为民族精神。这民族文化和民族精神构成一个民族的生命之一部分。如果一个民族丧失了独立的民族文化和民族精神，这个民族也将丧失其民族的独立，而沦为殖民地或半殖民地。保卫民族的独立，也必须保卫民族文化的独立。这是确定无疑的。而保卫民族文化的独立，也必须发展自己的民族文化，与时代俱进。如果顽固守旧，仅仅坚持过去的旧传统，也将为时代潮流所淘汰。①

自中国文化进入世界文化体系以后，特别是中国文化被纳入“西方——东方”这个殖民文化坐标架构之后，如何保持民族文化的独立性，即在认识问题、分析问题、评价问题、解决问题时如何秉持自己独立的不受他者主宰与左右的思维、价值与方法，特别是如何继承和发扬中华民族的优秀文化传统，以及如何将其他民族文化的优秀成分溶入自身肌体之中以实现民族文化更新、发展，便成为近代以来中国社会的一个重大问题。近代中国落伍的过程，就是中华“文化主体性失落”的过程。面对西方文化的挑战和冲击，在五四新文化运动之后，尽管有了马克思主义中国化，实现马克思主义和中华优秀传统文化相结合，尽管也有以“新儒家”为代表的文化守成主义对中华民族文化的坚守、捍卫以及推进其现代性转化，但全盘西化的思潮从来没有

① 张岱年全集：第六卷［M］. 石家庄：河北人民出版社，1996：153.

在历史舞台上消失过，中国文化的独立性，特别是其发展的“自主性”，迟迟未能充分确立起来。

吸取“文化主体性失落”“文化独立性不充分”的教训，“文化自觉”“文化自信”“文化自强”的意识不断觉醒。鸦片战争后，中国沦落为半殖民地半封建社会，但“自强不息”的文化基因不仅激励着广大民众反帝反封，也激励着有识之士“师夷长技以制夷”，既学习西方的“器物文明”，也学习西方的“制度文明”。辛亥革命虽说结束了长达2000多年的封建统治，成立了“中华民国”，但中华民族的政治危机和文化危机仍在继续。于是就有了发轫于1915年的新文化运动。这场文化运动的进步意义在于引进了“科学”“民主”这类现代价值观念，特别是引进和传播了马克思主义；其消极影响在于彻底否定传统文化，以至于促成了“全盘西化”思潮的形成。可喜的是，中国共产党成立后，在同帝国主义、封建主义、官僚资本主义开展武装斗争的同时也进行了思想文化斗争，且始终坚持发展“民族的科学的大众的文化”。

在大革命时期，共产党人就已经把唯物史观作为新文化建设工具，对文化界复古主义文化思潮和国民党三民主义儒学化进行了有力批驳。虽说此时对于文化的阶级性突出有余，但并不是意味着没有强调文化的继承性，相反，无产阶级首先须从他的前辈学习形式的技术。这是无产阶级应有的权利，也是对于前辈大天才的心血结晶所应表示的相当的敬意。①

在土地革命时期，共产党人以马克思主义为思想武器，用辩证的观点看待传统文化：对于封建残遗的毒素，我们仍同样要抱着最大的警戒。但我们不需要五四以前那样单纯的反封建。就是封建的文化遗产或封建文化的代表者，倘若他能发挥出一定的美点，或者在爱国运动上有一点一滴的助力时，我们都可以接受它。我们还需要封建文化中有用的精粹，但我们也要毫无顾惜地排斥有毒的渣滓。我们不需要五四时代那样对旧戏持完全排击的态度，我们还需要现在被禁止上演的那一些东西。我们要排斥和忠君同类的盲目服

① 陈寿立．中国现代文学运动史料摘编：上册［C］．北京出版社，1985：160.

征的思想，但如果有人讲民族气节，我们仍然可以接受它。①

正因为传统文化中有精华，于是重视优秀传统文化成为共产党人的集体意识。

在延安时期，共产党人在马克思主义中国化的基础上对中华传统文化进行扬弃，强调中华民族文化是“是我们这个民族的，带有我们民族的特性”。② 当时陕甘宁边区文化界救亡协会出台的《我们关于目前文化运动的意见》也要求文化界人士要理解自己民族的历史注意自己民族的特点。③ 伴随民族危机日益加深，可以说，弘扬中华民族的优秀传统文化，实现民族复兴、文化复兴成为当时中国社会各阶级、特别是中国共产党人的共识。中国共产党中央委员会在当时指出：中国共产党人是我们民族一切文化、思想、道德的最优秀传统的继承者，把这一切优秀传统看成和自己血肉相连的东西，而且将继续加以发扬光大。④

所以，“民族的科学的大众的文化”成为指导当时以及后来中国共产党进行文化建设的行动纲领。

新民主主义革命胜利后，建立了中华人民共和国，使中华民族永远摆脱了帝国主义的侵略和压迫，独立于世界民族之林，并继续着独立自主的文化建设。在中华人民共和国成立初期，人民政府先后通过扫除文盲、改革旧文化体制、进行思想改造、推行“双百”方针、发挥知识分子作用，使文化为民族的存在与发展服务。

党的十一届三中全会后，在关于文化主体性的讨论中涌出多种西方思潮，社会曾一度呈现出“个人主体性”胜于“民族主体性”的倾向。张岱年先生告诫人们：肯定个人的主体性是必要的，但是更重要的是正确理解民族的主体性。……如果一个民族丧失了独立的地位，必然要受别的民族的奴

① 钟离蒙，杨凤麟．中国现代哲学史资料汇编：第二集第一册［G］．沈阳：辽宁大学哲学系印，1982：9.

② 毛泽东选集：第二卷［M］．北京：人民出版社，1991：706.

③ 刘增杰，赵明，王文金．抗日战争时期延安及各抗日民主根据地文学运动资料：上册［C］．山西人民出版社，1983：20.

④ 中央档案馆．中共中央文件选集：第十四册［M］．北京：中共中央党校出版社，1991：41.

役；在受奴役的民族中，个人主体性是不可能存在的。①

现在，中华民族的伟大复兴已经展现出前所未有的光明前景，中国比历史上任何一个时期都更趋近世界舞台的中心；而中华民族的复兴，不单单是新的政治制度的创建，也不仅仅是物质文明的现代化，更重要的是中国文化的复兴。

二、民族的科学的大众的文化纲领是生成文化自信之本

中华人民共和国成立70多年来，社会主义革命、建设和改革在文化方面取得的成就，主要在于坚持了民族的形式、科学的内容和大众的方向这一根本原则。如今，“民族的科学的大众的社会主义文化”是中国共产党的文化纲领之核。坚持民族的科学的大众的社会主义文化纲领，是中华人民共和国走向文化自信之本。

第一，中华人民共和国坚持了新民主主义革命时期所确立的“民族的科学的大众的文化”这一纲领。在新民主主义社会时期，文化建设是依据当时的时代特征和历史任务，坚持新民主主义革命时期所确立的“民族的科学的大众的文化”这一纲领。

“民族的”文化旨在强调中华人民共和国文化建设与发展要坚持独立性和民族性。中华人民共和国的文化是要同世界上其他民族国家的文化发生交流交融交锋的，在此过程中应该是互相吸收、互相发展，而不是文化霸权文化侵略。鉴于中华人民共和国刚刚实现民族独立和人民解放，“反对帝国主义压迫，主张中华民族的尊严和独立的”② 理应是发展民族文化的旨归。对于这一点，不论在何时，都不可改变。当然，文化建设与发展，也要有自己的特色，要体现出民族特性来。在文化普遍交往的情势下，不吸收其他民族国家先进文化是不行的，但“应有自己的形式”。借鉴其他文化成果，只是“用来改进和发扬中国的东西，创造中国独特的新东西”。如果将世界上一切

① 张岱年全集：第六卷［M］. 石家庄：河北人民出版社，1996：261.

② 毛泽东著作选读：上册［M］. 北京：人民出版社，1986：397.

优秀文明成果排斥在外，那就是在主动消解我们文化建设与发展的外部条件；如果不能保有民族的特点，那就会丧失同其他优秀民族竞胜的力量。

“科学的”文化旨在强调中华人民共和国文化建设与发展要“主张实事求是，主张客观真理，主张理论和实践一致的”。文化科学和不科学，要看其是否把真理作为自己实践的指南。马克思主义是革命性与科学性相统一的学说，“能够为新文化的全部要求的实现而斗争”。在马克思主义指导下，中华人民共和国在历史的辩证发展中找到了文化发展规律，遵循取其精华、弃其糟粕的原则，正确处理建设新文化与弘扬中华民族优秀传统文化、建设新文化与借鉴世界上一切优秀文明成果的关系。

“大众的”文化旨在强调中华人民共和国文化建设与发展要代表人民大众、服务人民大众、为人民大众所拥有。中华人民共和国成立后，新的文化为工农劳苦民众服务，只有服务于他们，并为他们所拥有，“革命的文化人”才不会成为“无兵司令”。而要为人民大众所拥有，首先就得普及，然后不断提高，使新文化在普及中提高、在提高中普及。当然，大众化在一定程度上意味着通俗化，但通俗化并不意味着降低了新文化的水准，而是通过通俗的形式让人民大众掌握之，进而提升新文化的普及水平。

伴随“民族的科学的大众的文化”这一纲领的实施，新民主主义社会建立起“民族的科学的大众的”文化制度。但该文化纲领和相应的文化制度毕竟不是社会主义文化纲领和社会主义文化制度，因此，对新民主主义社会的文化进行社会主义改造，使其发展成为社会主义文化是历史的必然。

第二，在新民主主义社会转向社会主义社会的过渡时期，按照“民族的科学的大众的”原则开展文化建设与文化改造。

当过渡时期的总路线和总任务确定后，中国共产党和人民政府就按照“民族的科学的大众的”原则，在推进社会主义文化建设的同时，实行社会主义文化改造。

一是同旧思想彻底决裂，确立马克思主义、毛泽东思想在中华人民共和国文化领域中的指导地位。不批判旧的就不可能建立新的，一定要把自己头脑里旧的东西排除掉，然后在我们的头脑里才可以得到马克思主义的培养。在中华人民共和国成立初期，思想文化领域广泛存在着殖民主义奴化思想、封建主义礼教思想以及官僚主义腐化思想，同这些旧思想彻底决裂，从而使马克思主义、毛泽东思想在思想文化领域占据主导地位，成为指导思想，成为当时文化工作的首要任务。这项工作包括对知识分子进行思想改造，对《武训传》及其影评、俞平伯“红学”观点、胡适思想、胡风文艺思想的批判，开展群众性的马克思主义学习活动，以及结合当时正在进行土地改革、镇压反革命、抗美援朝开展思想政治教育。正是通过正面的宣传普及与反面的批判改造，干部群众（尤其是知识分子）在革命实践中接受新思想，自觉运用马克思主义分析问题和解决问题，进而，马克思主义、毛泽东思想在中华人民共和国文化领域中的指导地位被稳稳地确立了起来。

二是同旧文化教育体系彻底决裂，全面确立新民主主义文化教育体系。同旧思想观念彻底决裂了，毫不奇怪，自然也就会同维护旧思想观念的旧文化教育体系彻底决裂。这项工作包括接管接办各类学校并改造旧的教育思想，改革课程，改革教育管理体系，整顿文学艺术、新闻出版等文化事业。新民主主义文化教育体系确立后，肃清了封建的、官僚的、奴化的思想，发展了为人民服务、为生产建设服务的教育思想；设立了马克思列宁主义、毛泽东思想的课程，让学生学习和掌握马克思主义基本理论，提高了学生运用马克思主义立场、观点、方法分析和解决问题的能力；实现了教学大纲、教材由教育部门统一编制或编写；明确了“百花齐放、推陈出新”方针，树立了马克思主义新闻观，等等。

三是同旧道德习俗彻底决裂，全面树立社会道德新风尚。社会风俗是社会精神的表征，影响着置身其中的成员的成长与发展。破除社会旧习俗、旧风气这项工作，包括禁娼、禁赌、禁毒，颁布新的婚姻法规，树立社会新风，等等。新民主主义社会道德新风尚树立后，卖淫嫖娼、贩毒吸毒、聚众赌博这些丑恶现象基本绝迹；封建婚姻制度被革除，实现了妇女翻身；辛勤劳动、为民服务、艰苦奋斗、勤俭节约等蔚然成风。

当然，在社会主义改造时期，文化领域也存在一些问题，如在改造知识分子的过程中采用群众斗争的做法，在思想批判中上纲过高，没有区分文化交流与文化殖民，没有辩证分析教会学校办学经验，用政治标准替换文艺标准，等等。不过，问题的存在并不意味否定成功经验。“忽视错误，掩盖错误是不允许的"，而忽视和否认我们的成就，忽视和否认取得这些成就的成功经验，同样是严重的错误。可以说，在此阶段，中国共产党在思想文化领域中完成了"荡涤反动政府留下来的污泥浊水"① 这一任务，并确立起了马克思主义、毛泽东思想的指导地位，在全国范围内建立起民族的科学的大众的社会主义文化。

第三，社会主义制度在中华人民共和国全面确立后，始终不渝地把"民族的科学的大众的"作为文化建设的方法论。

社会主义改造完成，社会主义制度在中华人民共和国全面确立。对于建设社会主义文化，中国共产党是充满自信的。毛泽东在党的八大上宣布中国共产党不仅彻底地完成了新民主主义革命，而且社会主义革命也取得了决定性胜利。而新民主主义革命的彻底完成和社会主义革命的决定性胜利，充分证明建设民族的科学的大众的文化是正确的。如此，进入社会主义社会后，中国共产党始终把"民族的科学的大众的"作为文化建设的方法论。

遵循这一方法论原则，中国共产党第一代领导集体提出了"百花齐放、百家争鸣"② 的建设方针，并在党的八大正式确立了这一方针。正是"双百"方针的确立，带来了中华人民共和国文化的大发展大繁荣，并促成文化自信的形成。尽管后来贯彻落实"双百"方针的实践过程中出现了执行上的偏差，如对文化艺术采取政治与艺术双重标准且界限模糊，如夸大"锄毒草"作用……但这不是"双百"方针本身的失误。如此，党的十一届三中全会后，"双百"方针依旧是指导我国文化艺术发展的方针。

到党的十五大，确立起完全具有社会主义性质的文化纲领，即以马克思主义为指导，以培育有理想、有道德、有文化和有纪律的公民为目标，发展面向现代化、面向世界和面向未来的，民族的科学的大众的社会主义文化。

进入新时代，中国共产党在坚持"双为"方向、"双百"方针的基础上提出了"双创"机制，并强调立足时代条件，坚守中华民族文化立场，"增强文化自信和价值观自信"③，发展具有"三个面向"的，民族的、科学的、

---

① 毛泽东选集：第四卷［M］. 北京：人民出版社，1991：1467.

② 毛泽东文集：第七卷［M］. 北京：人民出版社，1999：54.

③ 习近平谈治国理政：第一卷［M］. 北京：外文出版社，2018：164.

大众的社会主义文化，建设社会主义文化强国。

三、改革开放是生成文化自信之路

改革开放后，中国共产党带领全国各族人民建设中国特色社会主义社会。社会主义文化在思想文化领域中的拨乱与反正、创新与守正、自立与开放的互动中建立并发展起来。社会主义文化软实力“硬”起来的成功实践，证明了改革开放是文化自信之路。

第一，思想文化领域中的改革开放，是文化拨乱与反正的过程。中国共产党对文化建设工作的指导思想进行正本清源，在思想文化领域中进行了拨乱反正。从文艺界批判“文艺黑线专政”论开始，经全党批判“两个凡是”、进行真理标准大讨论，到重提“双百”方针，再到强调“坚决执行不抓辫子、不戴帽子、不打棍子的‘三不主义’的方针”① 和坚持“二为”方向，可以说是找到了社会主义文化建设的根本目标。在此之后，坚持“二为”方向和贯彻“双百”方针成为改革开放新时期建设中国特色社会主义文化的基本原则。它们不仅完整地反映了新时期文化建设的基本要求，也体现了中国共产党在新时期对文化建设与发展规律的新认识。

贯彻“双百”方针不是要否定马克思主义的指导地位，不是以社会意识的多元化、文化的多样性反对坚持马克思主义为指导。当然，也不能用马克思主义的指导地位否定“双百”方针，不能用坚持以马克思主义为指导排斥社会意识的多元化、文化的多样性；二者是辩证统一的。一方面，要用马克思主义的立场、观点、方法来进行文化建设、推动文化事业发展；脱离马克思主义的指导，中国特色社会主义文化就会“变质”。另一方面，不能要求世界上最丰富的东西——精神只能有一种存在形式，不能用指导思想替代具体的文化形态。而是在同各种非马克思主义的“争鸣”实践中坚持马克思主义、发展马克思主义。

意识形态关乎中国特色社会主义的前途命运，决定先进文化的前进方

① 邓小平文选：第二卷［M］．北京：人民出版社，1994：183.

向。如此，贯彻“双百”方针，务必牢牢掌握意识形态工作领导权，务必使马克思主义在“百家”中占主导地位，在争鸣中起指导作用。

第二，思想文化领域中的改革开放，是文化传承与文化创新的过程。任何一种文化都是具有生成性的。中国文化亦是有它的过去、现在和未来。作为多民族具体文化形态交流交融并不断升华的结果，中国文化既是“多源一体”的，也是“多元一体”的，是一个常与变、因与果辩证统一的动态文化模式，而不是永恒不变的事物。中华文明绵延至今，五千年所形成的丰富多彩的文化形态，正是中华民族差异共存、和谐共生、内生演化的历史结果。建设社会主义文化，既不能随心所欲地进行，也不能在自己选定的条件下开展，而是要在已然生成的、既定的条件下实施。文化的承继关系是任何力量都无法阻断和割离的。而马克思主义和中华优秀传统文化就是中国特色社会主义文化建设和发展的既定条件的重要组成部分。只有坚持从历史走向未来，不断地既接着马克思主义讲，又接着中华优秀传统文化讲，方可信心百倍地推进中国特色社会主义文化持续发展。

既然中国特色社会主义文化是对两个“老祖宗”接着讲，而不是照着讲，定是有了新的做法和说了些新话。对于新做法，集中体现在三个方面：一是对两个“老祖宗”进行创造性转化、创新性发展和现实马、中、西的会通。对于马克思这个“老祖宗”进行“双创”就是要持续推进马克思主义的中国化、时代化和大众化，从毛泽东思想到习近平新时代中国特色社会主义思想，就是马克思主义中国化实现历史性飞跃所产生的重大理论成果。二是实行文化事业与文化产业双轮驱动发展。从中国共产党十五届五中全会确认“文化产业”这一范畴，经党的十六大报告对文化事业与文化产业作出理论区分，到随后开展文化体制改革试点，再到把文化产业上升为国家战略性产业，党一直致力于实现中国特色社会主义文化双轮驱动发展。三是推动中国文化“走出去”。历史上的“中学西渐”主要是通过欧洲知识分子（特别是传教士）来传播的，可以算是一个“自然的”历史过程。中华人民共和国成立后，对外文化工作在服务于大国外交的同时，逐渐复归于文化本身，特别是改革开放后，国家提出了文化“走出去”战略，主动同世界各国文化交流交融，参与全球文化竞争，构建一个全新的对外宣传和对外文化的工作格局，不断增强国家文化软实力。

对于说新话，主要是以建设社会主义精神文明为核心构筑中国精神。在党的十一届三中全会后，为适应国家现代化建设需要，中国共产党在当时就提出“建设高度的社会主义精神文明”，所以从改革开放之初的“五讲四美三热爱”，到社会主义荣辱观，到社会主义核心价值体系和社会主义核心价值观，都是社会主义文化创新发展的核心内容。当然，这个创新过程既有更新传统文化，也有创新内容又转化成新传统文化，更是时代精神的不断凝结。

第三，思想文化领域中的改革开放，是文化自立与文化开放的过程。在中华人民共和国成立之初，中国共产党明确提出党的思想战线要摆脱苏联教条主义的影响，走出一条党管理科学文化事业的新路来，经过一段时间的艰辛探索，走出了一条坚持马克思主义指导与“双百”方针相统一、坚持批判性继承与批判性学习相统一、坚持遵循文化发展客观规律与充分发挥人民主体性相统一的文化自立道路。改革开放后，我们主动同世界各国文化交流交融，但始终保持民族精神独立性，不做西方的“应声虫”。

其实，独立性隐喻着关联性，而且关联性是客观存在的。关联性越强，越能真正彰显独立性。既然进入世界历史时期后文化是相互联系的，那么建设和发展中国特色社会主义文化自然要走开放之路。闭关自守，就是在消解自身发展的外部条件。如此，中国共产党特别重视科学、教育、文化等领域的开放，强调不仅要向资本主义发达国家学习先进的科学、技术、经营管理方法以及其他一切有益的知识和文化①，外国的文艺作品、表演艺术中一切进步的和优秀的东西，都应该借鉴和学习。进入二十一世纪后，特别是中国加入世界贸易组织后，在经济全球化的助推下，中国特色社会主义文化同世界各国文化在更高层面、更大范围、更多领域深度交流交融，“文明因交流而多彩，文明因互鉴而丰富”②。

文化开放不单单是文化“请进来”，更主要的是文化“走出去”，即

① 邓小平文选：第二卷［M］. 北京：人民出版社，1994：210.

② 习近平谈治国理政：第一卷［M］. 北京：外文出版社，2018：258.

“把继承传统优秀文化又弘扬时代精神、立足本国又面向世界的当代中国文化创新成果传播出去”，通过文化“走出去”，不单单是让世界人民了解“舌尖上的中国”，还要让世界人民了解“学术中的中国”“理论中的中国”“哲学社会科学中的中国”，更是要让世界人民了解“发展中的中国”“开放中的中国”“为人类文明作贡献的中国”。经过多年努力，中国特色社会主义文化走出去的广度和深度不断扩大，世界人民对于中国有了一个较为全面、立体的了解，为实现中华民族复兴营造了较好的文化环境，且进一步增强了国家文化软实力，提高了国际话语权。我国的文化走出去，是遵循“亲诚惠容”的文化外交理念关照人类命运共同体的建构。

改革开放40多年，中国特色社会主义文化在拨乱与反正、传承与创新、自立与开放的互动中建立起来，并取得了令人瞩目的成就。

四、核心价值是生成文化自信之魂

中华人民共和国成立70多年来，文化建设与发展是在“一与多”相统一的架构中进行的。以社会主义核心价值为兴国之魂，坚定马克思主义自信，把价值观自信作为文化自信之核，中国文化复兴的伟大实践得以确信。

第一，中华人民共和国70多年来的文化自信是“一与多”相统一架构的自信。

中国共产党在思想文化领域中不管遭遇何种风险、面临多大考验都没有发生过颠覆性错误。进入新时期，社会主义核心价值体系的具体内涵在建设社会主义精神文明、反对资产阶级自由化思潮的过程中不断丰富发展。进入二十一世纪，“建设社会主义核心价值体系”作为党的战略任务被提了出来，并明确了其基本内容。中华人民共和国成立70多年来，应用辩证思维、战略思维正确地处理了“一”与“多”的关系，在坚持马克思主义指导地位的同时，又始终坚持“双百”方针。从1950年召开的全国戏曲工作会议提出“百家争鸣、推陈出新”，到1956年中共中央政治局扩大会议正式提出艺术问题上的百花齐放，学术问题上的百家争鸣……应该成为我们的方针①，再到如今的继续坚持并强调优秀作品并不拘于一格、不形于一态、不定于一尊，可以说，“双百”方针的实施，为发展、繁荣社会主义文化奠定了基石。在“一与多”相统一的文化架构中，坚定文化自信，就是坚持社会主义核心价值体系与坚持“双百”方针相统一的文化自信。

一是文化自信是坚持社会主义核心价值体系导向性和“双百”方针多样性相统一的自信。没有社会主义核心价值体系的主导，不单是容易造成思想文化领域的“碎片化”，更会削弱意识形态的领导权、话语权，如此，人民群众可能会放弃对马克思主义的信仰，瓦解对共同理想的信念，丧失对建设文化强国和实现文化复兴的信心，进而影响了党对人民群众的凝聚力和向心力。但同一是差异的同一，没有差异就没有同一，不同的音符构成最美的乐曲。因而，文化的多样性不仅不应成为导致文化问题的根据，相反应该成为推进文化发展、增强文化自信的必要条件。坚持“双百”方针正好符合文化多样性发展。不过，“放、鸣”要与主导价值相协调。

二是文化自信是坚持核心价值体系包容性与“双百”方针选择性相统一的自信。从一般意义上讲，系统世界是基于差异物之间的协同而存在的；差异协同是系统发展的自组织机制；系统的发展就是差异物之间耦合的结果。因此，如果只看到事物的表象差异，很容易陷入否定同一性的泥潭；如果只追求形式上的同一，往往会落入否定差异性的陷阱。所以，建设和发展中国特色社会主义文化应有的态度是：“百花齐放”“百家争鸣”是平常状态，但并不意味着对社会主义核心价值体系的质疑甚至否定；“百花齐放”“百家争鸣”是建设和发展中国特色社会主义文化的必需状态；要对“放、鸣”有一个清晰的理性认识，继承合理“放、鸣”，舍弃不合理“放、鸣”，要继承积极“放、鸣”，舍弃消极“放、鸣”，把握客观“放、鸣”，扬弃主观“放、鸣”；对既成“放、鸣”进行合理化调整，对未成“放、鸣”进行合理化引导。

三是文化自信是坚持社会主义核心价值体系先进性与“双百”方针群众

① 毛泽东文集：第七卷［M］．北京：人民出版社，1999：54.

性相统一的自信。文化天然地具有人为性与为人性。这种“人为为人性”体现在社会主义文化上，即为文化的群众性。坚持“双百”方针能够充分调动人民群众的文化建设积极性，但建设和发展中国特色社会主义文化不能一味地迎合“大众口味”，凡是偏离社会主义方向的文化都必须予以矫正。当然，倡导向善、向上文化审美情趣的前提是要有群众基础的。没有群众基础的文化，那是“无根的浮萍、无病的呻吟、无魂的躯壳”①。

第二，中华人民共和国 70 多年来的文化自信总体是坚持马克思主义的自信。

在“一与多”相统一的架构中，任何一个社会主义国家、任何一个无产阶级政党都不可动摇马克思主义的主导地位。社会主义国家、无产阶级政党一旦不信仰、不坚持马克思主义，就会发生变质。中国共产党是无产阶级政党，中华人民共和国是社会主义国家，中国特色社会主义是在马克思主义中国化历史进程中开创并不断发展的、符合中国国情的社会主义，坚持和发展马克思主义是天经地义的。中国共产党带领全国各族人民不断开拓伟大事业的新境界，强调坚持包括文化自信在内的“四个自信”，首要的就是要对马克思主义保持高度自信。

中国共产党历来都强调马克思主义“一定不能丢，丢了就丧失根本”②。要知道，没有马克思主义信仰，也就没有中国共产党，念好马克思主义这本“真经”，并在与建设中国特色社会主义实践相结合中丰富与发展，定能巩固思想根底、净化思想源头。否则，在思想文化领域就可能发生颠覆性错误。因此，在中国特色社会主义语境下，坚守文化自信，必须从根本上确保马克思主义的指导地位，充分发挥马克思主义在思想文化领域中的引领作用，高度重视并及时纠正“在有的领域中马克思主义被边缘化、空泛化、标签化，在一些学科中‘失语’、教材中‘失踪’、论坛上‘失声’”③ 的状况，要牢牢掌握马克思主义在意识形态领域的主导权和话语权。具体说来要处理好以下几个方面的问题：

---

① 习近平谈治国理政：第二卷［M］. 北京：外文出版社，2017：316.

② 习近平谈治国理政：第一卷［M］. 北京：外文出版社，2018：9.

③ 习近平谈治国理政：第二卷［M］. 北京：外文出版社，2017：329.

一是正确处理马克思主义的原生形态与衍生形态关系。人们对马克思主义的理解包括经典马克思主义、苏式马克思主义、阐释苏式马克思主义的马克思主义、西方马克思主义、阐释西方马克思主义的马克思主义以及中国化的马克思主义，后几种形态都是原生形态的衍生。从应然层面来说，阐释原生形态的衍生形态必须在精神内核上与其基本一致，但在实然层面上，却会因为出场语境、出场路径的变化而产生理论间距，甚至产生理论偏差；而且衍生形态之间也会在相互阐释中造成误读。如此一来，必须“老老实实、原原本本学习”① 经典马克思主义。

二是正确处理马克思主义的名与实关系。如今，马克思主义的衍生形态越来越多。如此，对于马克思主义的理解，应该“以实循名”而不是“以名求实”，因为“它提供的不是现成的教条，而是进一步研究的出发点和供这种研究使用的方法”②。“不是……而是……”的命题形式决定逆式不一定能够成立，即作为方法的并不一定是马克思主义。如此，必须遵循“以实循名”的路线看看该理论是否与马克思主义的精神内核相一致。“以名求实”的路线极易犯教条主义错误。

三是正确处理马克思主义出场与在场关系。原生形态马克思主义与衍生形态马克思主义的差异性既有历史维度上的“当年”与“当代”，也有空间维度上的“故土”与“本土”，还有价值维度上的“中心”与“边缘”。但一致的精神内核是其“在场”的本质，与时俱进的理论形态是“出场”的本质，二者不仅相互区别，而且相互循环——出场、在场、再出场、又在场……只有“不断出场”才能“永恒在场”。在此，人们必须承认：在推进中国化的过程中，马克思主义要“合时宜”方能显现其生命力。时代与正在做的事情都发生变化了，就意味着马克思主义要“重新上手”，否则，在我们“推翻了一切关于最终的绝对真理和与之相应的绝对的人类状态的观念”③ 之后，马上又恢复了曾经批判过的“在场的形而上学”。

第三，中华人民共和国 70 多年来的文化自信是以社会主义核心价值观

---

① 习近平谈治国理政：第一卷［M］．北京：外文出版社，2018：153.
② 马克思恩格斯选集：第四卷［M］．北京：人民出版社，1995：742.
③ 马克思恩格斯文集：第四卷［M］．北京：人民出版社，2009：270.

自信为核心的自信。

表现文化自信的样态是多方面的，既可以表现为对已然优秀内质的自信，也可以表现为对未来发展前途的自信，又可以表现为对自我社会效能的自豪，还可以表现为自我创新能力的确信，但在整个文化自信系统构成中，不论是基于主体方面，还是基于内容方面，抑或是基于效能方面，最具统摄作用的则是对社会主义核心价值观的自信。坚定文化自信，就要坚守社会主义核心价值观自信这一核心。具体说来：

一是社会主义核心价值观为文化繁荣和发展提供动力支持与价值引导。没有成于价值实践活动当中并表现在对本质精神力量上的自信，根本就不会有文化自信。因为没有文化主体性，价值观自信就没有基础，不可能持久；没有价值观自信，文化主体性也无法体现，不可能深入。① 拥有并坚守自信，主体在太平天下可凭借“顺境中的美德”而作用于文化发展与繁荣，让人民在大文化中感受中华之道；在动荡浊世借势“逆境中的美德”而作用于文化拱卫或开新，让人民在忧虑中感受“道莫盛于趋时”。

二是社会主义核心价值观自信为保持民族精神独立性的重要支撑。我们不能否认人类存在价值共识、存在共同利益，但我们也不能否认差异的主体有着不一样的价值想象。拥有自我价值观并对其自信，定能够凭借自我独立的价值思维去认识对象，凭借自我独立的价值判断去评价对象，凭借自我独立的方法路径去改造对象，而不是在认识对象、评价对象、改造对象时人云亦云、亦步亦趋。培育和践行社会主义核心价值观，坚定价值观自信，应该成为保持中华民族精神独立性最为关键的举措。

① 郭建宁．论坚持文化主体性与增强价值观自信［J］．中国特色社会主义研究，2014（06）．

第二章　本位而非本位主义的：文化保守的升华超越

——以《中国本位的文化建设宣言》为考察中心

鸦片战争改变了中国人以往那种高度自信的文化心态，自卑是当时中国人普遍的文化心态，尽管有辜鸿铭、梁漱溟等文化自负论者持“天朝”意识和“中央之国”情绪而高呼“华夏为尊、夷狄为卑”。在对文化自卑作出积极回应的诸多历史行动之中，我们首先要讨论的是《中国本位的文化建设宣言》。当然，对文献的分析必须基于文献发表的目的和主张的本质，否则解读将是“千人千面”，且会造成理解的错位。① 因为文献发表有其特定目的，它不仅关注文化学问题的理论研究，更加关注国家、民族文化的实践探索。服从目的表达的文化主张，限制了对文献其他意义的延伸阅读。当然，要把社会生活中的孤立事实作为历史发展的环节并把它们归结为一个总体，这样对事实的认识才能成为对现实的认识。②

《中国本位的文化建设宣言》在“没有了中国”的醒目标题下，其目的就是号召“从事于中国本位的文化建设”。这一目的依据是从文化的领域去展望，现代世界里面固然已经没有了中国，中国的领土里面也几乎没有了中

① 解丽霞．理解错位与文化研究症结——20 世纪以来三次“文化宣言”的解读问题［J］．华南理工大学学报（社会科学版），2009（01）．

② 匈卢卡奇．卢卡奇文选［M］．北京：人民出版社，2008：9.

国人的现实。① 如此可以看到，把文化与“中国”“中国人”紧密关联起来，显然是要用文化的手段产生有光有热的中国，使中国在文化的领域中能恢复过去的光荣，重新占着重要的位置，成为促进世界大同的一支最劲最强的生力军。②

第一节　没有了中国

《中国本位的文化建设宣言》发表于 1935 年 1 月。“没有了中国”是其发表的特殊历史背景。

一、国家危难

中华民族曾经创造出居于世界前列的灿烂文明，并且在几千年里绵延不绝，从来没有中断过。这是举世公认的事实。远在一两千年前的文景之治、汉武盛世、昭宣之治、光武中兴、明章之治、永元之隆、贞观之治、开元盛世就不去说它了，就康乾盛世来说，中国的农业、手工业、科技、城市规模、文化等方面依然居于世界前列。伏尔泰曾评价历史上的中国“在伦理道德和治国理政方面，堪称首屈一指”③。但近代的西方社会，依靠科技发生了工业革命，以机器取代人力，以大规模工厂化生产取代个体工场手工生产，正如经典作家所说：资产阶级在它的不到一百年的阶级统治中所创造的生产力，比过去一切世代创造的全部生产力还要多、还要大。④ 如此，中国很快就落后，且同西方社会的差距越来越大。

1840 年，英国对中国发动鸦片战争，在英国坚船利炮的轰击下，1842

① 王新命，等. 中国本位的文化建设宣言［A］. 马芳若. 中国文化建设讨论集：上［C］. 上海：经纬书局，1935：1－2.

② 王新命，等. 中国本位的文化建设宣言［A］. 马芳若. 中国文化建设讨论集：上［C］. 上海：经纬书局，1935：6.

③ ［法］伏尔泰. 路易十四时代［M］. 吴模信，等译. 北京：商务印书馆，1982：594.

④ 马克思恩格斯文集：第二卷［M］. 北京：人民出版社，2009：36.

年清政府被迫签订中国第一个丧权辱国的不平等条约——《南京条约》，由此开始向外国割地、赔款、定关税，这极大地危害了中国主权，也标志着中国开始沦为半殖民地半封建社会，即作为统治的东西来说，这种社会的政治是殖民地、半殖民地、半封建的政治，其经济是殖民地、半殖民地、半封建的经济，而这种政治和经济之反映的占统治地位的文化，则是殖民地、半殖民地、半封建的文化。①

因为被迫把一些领土"租借""割让"出去，这就表明自己的主权已不完整。对于那些已经"租借""割让"出去的地方来讲，在其现实性上已经是完全的殖民地，而对整个国家来讲，却依然是半殖民地。当然，封建统治者在处理国是时，还得依外国侵略者的脸色、态度行事，不能做到"我的地盘我作主""我的事务我处理"，此外，本国的交通、航运、海关、银行等均被外国侵略者控制着。

在随后十余年时间，清政府与英国签订了《五口通商章程》《中英善后条约》《中英天津条约》《中英通商章程》，与美国签订了《望厦条约》《中美和好条约》，与法国签订了《黄浦条约》《海关税则》《和约章程》《和约章程补遗》，与俄国签订发《瑷珲条约》《中俄天津条约》。1856 年起，英国与法国为了进一步打开中国市场，扩大在华侵略利益，趁太平天国运动之际，以亚罗号事件及马神甫事件为借口，联手俄、美等国发动了第二次鸦片战争。战败的清政府又被迫与英、法、俄等国分别签订《北京条约》。这一系列不平等条约的签订，使中华民族沦入西方列强恣意掠夺和压榨的悲惨境遇。

在第二次鸦片战争后的三十余年，清政府还与俄国签订了《中俄勘分西北界约记》《里瓦基亚条约》《伊犁条约》，与法国签订了《天津简明条款》《中法会订越南条约》，与英国签订了《中法停战条件》。特别是甲午战争以中国战败、北洋水师全军覆没告终后，政府迫于日本军国主义的军事压力，于 1895 年 4 月 17 日签订了《马关条约》。由此加深了中国半殖民地化程度，也给了国人更大的刺激。在随后的几年间，其他西方国家进一步趁火打劫，

① 毛泽东选集：第二卷［M］. 北京：人民出版社，1991：665.

清政府先后与俄国签订了《中俄秘密协定》《旅大租地条约》，与日本签订了《通商行船条约》，与德国签订了《胶澳租界条约》，与英国签订了《展拓香港界址专条》《订租威海卫专条》。

当时英、俄、德、美、日、法、意、奥联合起来，组成八国联军，战败的清政府又被迫与英国、俄国、德国、美国、日本、法国、意大利、奥地利、比利时、荷兰、西班牙11国签订了《辛丑条约》。此条约的签订，给中国人民增加了新的沉重的负担，严重损害了中国的主权。从此，清政府完全成为在帝国主义统治中国的工具，也标志着中国完全沦为半殖民地半封建社会。

尽管后来的辛亥革命推翻了腐朽没落的清政府，但此时的中国却处于军阀割据并与外国势力相勾结的状况。从北伐战争到抗战全面爆发的十年，大规模的内外战争接踵而至，1933 年日本军国主义势力入侵山海关，国民政府与日本军国主义势力签订了《塘沽协定》。

国家受辱的情形使得国人创巨痛深，眼见国是日非，非积极努力，不足以救危亡，民族复兴，文化建设的呼声遂高唱入云。①

二、尊西崇外

《中国本位的文化建设宣言》的作者们在《我们的总答复》中说过，我们曾由中国文化之史的发展去检讨西化东渐后中国文化动摇的原因，指陈以往种种运动失败的症结，主张今后的文化建设应以中国为本位。②

如果人们仔细审读《中国本位的文化建设宣言》，就能体会其中确有此意。在“一个总清算”部分，作者们直陈到了鸦片战争伴随巨舰大炮带来了西方文化的消息，带来了威胁中国步入新时代的警告，于是古老的文化起了动摇，中国文化“才发生了很大的质的变动”，于是国人从睡梦中醒觉了。随着这种醒觉而发生的，便是曾国藩李鸿章的“洋务”运动，康有为梁启超

① 于斌．文化建设商榷［J］．新北辰，1935（1）．

② 王新命等．我们的总答复［A］．马芳若．中国文化建设讨论集：中［C］．上海：经纬书局，1935：181.

的“维新”运动，孙中山的“革命”运动。①

《中国本位的文化建设宣言》的作者们把洋务运动概括为“技艺的模仿”，把维新运动说成是“政治的抄袭”，把革命运动看作是“彻底的改造”。历史进入“民国四五年之交”，因政治不足以救国，需要文化的手段，于是发生了以解放思想束缚为中心的五四新文化运动。受五四新文化运动洗礼，国人的思想发生了深刻变化。“新的觉醒要求新的活动”，国民革命在政治经济等方面的建设既已开始，文化建设亦当着手，而且更为迫切②。由此可见，《中国本位的文化建设宣言》的作者们将鸦片战争看作是中国一个新的历史时期的原点，并以对西学态度的演进作为尺度，把此后的历史划分为洋务运动时期、维新运动时期、辛亥革命时期、五四运动时期和国民革命时期。

在这一历程中，《中国本位的文化建设宣言》的作者们及当时许多知识人都认识到国人对西方模仿已从技艺器物中经政治制度发展到思想文化，且程度越来越深。同时他们意识到，追随西方不但没有进步，反而每况愈下，正如陶希圣所说：“中国屡次的自救，都没有大的成功”③。在当时，中国不仅模仿英美，还模仿苏俄，模仿意、德、日。结果取法日本失败了，取法英、美失败了，取法苏俄亦失败了。④ 可以说，自鸦片战争以来，向西方学习，以西方为价值圭臬，追随西方的变化而变化，在当年的思想界是一种显著现象。庄心在对这一现象曾评价：中国在国际势力的宰割之余根本自已就丧失了罗盘针，东风吹则西倒，西风吹则东倒，没有一个确定的方向。⑤

而学术更是没有成为一个例外，许多知识分子把学问当作时髦装饰，永

① 王新命等．中国本位的文化建设宣言［A］．马芳若．中国文化建设讨论集：上［C］．上海：经纬书局，1935：2－3.

② 王新命等．中国本位的文化建设宣言［A］．马芳若．中国文化建设讨论集：上［C］．上海：经纬书局，1935：3.

③ 陶希圣．对于《中国本位的文化建设宣言》的补充说明［J］．教育短波，1935（27）.

④ 陈高佣．怎样了解中国本位的文化建设［A］．马芳若．中国文化建设讨论集：中［C］．上海：经纬书局，1935：232.

⑤ 南京《中央日报》．中国本位的文化建设宣言的回响［A］．马芳若．中国文化建设讨论集：上［C］．上海：经纬书局，1935：17.

远跟从在外人背后闹摩登样子。[①] 而唯独中国之积弱不振，依然如故，甚至江河日下，不堪回首。[②] 后人就此评价：五四以来，二十年间，我们在文化上个别的说虽不无相当进步，但一般说来，就时间的进步说来，是一个逆流![③]

正因为追随西方而使中国每况愈下，不得不促使《中国本位的文化建设宣言》的作者们及当时许多知识分子来深思。过去数十年间，西洋之良法美制，移植于中国者殆已不鲜；何以他国行之而致富强，在我国则罕有成效?[④]

他们认为或是国人对西学"择焉不精"[⑤]，抑或是只有破坏而无建设[⑥]。无论基于何种原因，他们有一个普遍感受，那就是"中国民族几十年来都是徘徊于三叉路口"，"民族的自信力消失殆尽"[⑦]，而且"没有了中国"。在文化的领域中，我们看不见现在的中国了……中国政治的形态，社会的组织和思想的内容与形式，已经失去它的特征。由这没有特征的政治、社会和思想所化育的人民，也渐渐的不能算得中国人。[⑧]

所以，中国的领土里面也几乎已经没有了中国人。[⑨] 这些话语虽说有些过了，成为一种"危言"，却被当时相当一部分国人所认同，他们普遍认为中国文化在当时中国社会中的消失已成为不可掩蔽的事实。甚至与老百姓日常生活紧密相关的衣、食、住、行民生四要事全都西化了。至于那些喜谈文

---

① 庄心在．文化上的战斗——三论中国本位文化建设运动的前途［A］．马芳若．中国文化建设讨论集：下［C］．上海：经纬书局，1935：88.

② 汉口《大同日报》．建设中国本位的文化［A］．马芳若．中国文化建设讨论集：上［C］．上海：经纬书局，1935：18.

③ 胡秋原．中国文化复兴论［A］．蔡尚思．中国现代思想史资料简编：第四卷［C］．杭州：浙江人民出版社，1986：150.

④ 张世禄．建设文化之基本问题［A］．马芳若．中国文化建设讨论集：下［C］．上海：经纬书局，1935：61.

⑤ 释太虚．怎样建设现代中国的文化［A］．马芳若．中国文化建设讨论集：下［C］．上海：经纬书局，1935：94.

⑥ 常燕生．现实生活与理想生活——二十年来中国思想运动的总检讨与我们最后的觉悟［J］．国论，1935（1）．

⑦ 艾澐．现阶段的中国文化建设运动［J］．读书青年，1936（3）．

⑧ 王新命等．中国本位的文化建设宣言［A］．马芳若．中国文化建设讨论集：上［C］．上海：经纬书局，1935：1.

⑨ 王新命等．中国本位的文化建设宣言［A］．马芳若．中国文化建设讨论集：上［C］．上海：经纬书局，1935：2.

化的知识阶级，那里还见得多少“中国”的影踪儿。① 所以，在当时，“尊西崇外”达到极致，属于文化过渡时期的时代，爱新心代替了保守性，自轻心代替了自尊心，不论任何思想，只要它是新奇而且来自外国的，无不与以暂时的热烈欢迎，至于此种思想是否适合于中国现社会的需要，则置而不问。②

而与“没有了中国”相对应的则是，各种不同的主张正在竞走，中国已成了各种不同主张的血战之场。③ 有哪些主张在中国竞走呢？李立中指出，“有释迦香烟的缭绕”“有德谟克拉西思想的憧憬”“有法西斯蒂理论的酝酿”“有布尔希维克学说的流行”④。于是有人主张英美化，有人主张苏俄化，有人主张中体西用化……中国的思想界早成为“血战场”。⑤

为什么会这样呢？这是因为引入新的文化来“化中”，有两种路径，以及产生三种完全不同的后果。一种是通过文化置换而“去中国化”，另一种则是通过文化改造而“再中国化”。西方文化派认为，中国文化要求新求变就必须以西方文化来置换之，提倡全盘的和彻底的西化，使中国能够整个的西化。其典型代表就是陈序经，他在其《中国文化的出路》一书中利用他的文化整体论和文化进化论对薛福成的“道的文化与器的文化”、张之洞的“中学为体西学为用”、梁启超的“精神文化与物质文化”、吴景超的“含有世界性的文化与含有国别性的文化”、杜亚泉的“动的文化与静的文化”等中西文化调和论主张展开逐一批驳，极力主张全盘西化。尽管学术界在不断

---

① 南京《中央日报》. 中国本位的文化建设宣言的回响［A］. 马芳若. 中国文化建设讨论集：上［C］. 上海：经纬书局，1935：17.

② 萨孟武. 论中国本位文化建设答胡适先生［A］. 马芳若. 中国文化建设讨论集：中［C］. 上海：经纬书局，1935：70.

③ 王新命等. 中国本位的文化建设宣言［A］. 马芳若. 中国文化建设讨论集：上［C］. 上海：经纬书局，1935：4.

④ 李立中. 中国本位文化建设批判总清算［A］. 马芳若. 中国文化建设讨论集：上［C］. 上海：经纬书局，1935：86.

⑤ 王懋和. 中国到那里去？［A］. 马芳若. 中国文化建设讨论集：下［C］. 上海：经纬书局，1935：63.

深掘陈序经思想，并为他的“全盘西化论”的实质内涵进行澄清①，但无论如何，我们不可能否认他就是一名全盘西化论者。

也有些人认为，中国文化的求新求变，不是文化转换问题，而是文化改造问题，因此，对中国文化进行改造才是其求新求变的出路。当然，改造论者又分为消极改造派与积极改造两派。消极改造派主要是文化保守主义者，其典型代表有“东方文化派”与“学衡派”。“东方文化派”虽在表象上具有浓烈的文化民族主义情结，但在本质上却认同以西方文化之精髓来重构中国文化。例如杜亚泉主张“西方动的文化”与“中国静的文化”协力发展；梁启超主张以文化塑“新民”；梁漱溟以“乡村建设”践行其提出的“三大文化路向”之主张；张君劢基于科学观与人生观的关系之评判，设计“明日之中国文化”。而“学衡派”的文化观依其简章，就是《学衡》杂志的发刊词：“昌明国粹，融化新知”，主张会通中外文化之精髓，重构出优秀文化之精魂。积极改造派典型代表是中国共产党人，他们主张引马克思主义改造中国传统文化，实现马克思主义与中华传统文化创造性转化与创新性发展。在此意义上讲，对中国文化进行积极改造，已不再是“去中国化”了，而是在“中国化”的基础上进行“再中国化”——既是用马克思主义提升和改造中国传统文化，又用中国传统文化的理念和智慧理解和运用马克思主义，既遵循马克思主义又没忘记自己的“老祖宗”。由于在当时是西方文化派占据中国相当的话语权，且消极改造派认同以西方文化之精髓来重构中国文化，在思想文化领域自然是“没有了中国”且“各种不同的主张正在竞走”。

第二节　召唤“中国”文化

正是因为“没有了中国”，才有了伴随年代兴起的“民族复兴运动”而展开的中国本位的文化建设。《中国本位的文化建设宣言》表达了当时中国

① 例如张世保认为陈序经所主张的“全盘西化”论不能简单地理解为全盘资本主义化，其真实含义应当是要求在中国文化土壤中确立现代性。陈序经主张“全盘西化”论的用意是反对“时代的投机者”——折中派。

思想界已开始对复古传统与追随西潮的做法进行反思。对于这种反思，如果摒弃其党化背景而站在学术层面来探讨，特别是与“民族复兴运动”的内在理论结合起来加以讨论，就可以看到，《中国本位的文化建设宣言》作者们及当时许多知识人所强调的思想是本位的而非本位主义的，那种被遗忘与遮蔽的文化自信心就被洞察出来了。

一、国难时仍思虑根本

尽管旧中国在鸦片战争后连续发生了诸多影响社会发展的大事，特别是遇到外国势力入侵这样的国难，中华民族到了最危险的时候，但当时的知识分子群体关注更多的仍是文化。从近代中国思想界发生过中国古史分期问题论争、中国社会性质和社会史论争、中国文学的大众化之争、中国文学的古今之争、中国文学的中西之争、中国文学翻译之争、历史学理论的学术论辩、中华文明起源和民族问题的论辩、中国农民战争史论辩等较大的论争来看，表面上多在探究与现实的民族危机关系不大的文化问题，这种看似“避实就虚”的倾向，就连日本军国主义势力侵华这样非常严重的国难都未曾打断。为什么会如此呢？因为中国近百年来的危机，根本上是一个文化的危机。① 事实上，近代中国的民族危机内在包含着文化危机，而且文化危机是更为深刻、更为根本的民族危机。从史实来看，伴随社会性质的急趋转型，原有自然经济体系崩溃，以士、农、工、商为主体阶层的传统社会解体；而受“欧风美雨”深度影响后，国人在“惟新是求”的现代化焦虑中学习西方、模仿西方，甚至向往西方。于是，一方面是新政治、新经济、新思想、新风尚蔚然而起，另一方面是以儒家纲常名教为代表的传统社会精神支柱在“打倒孔家店”运动中被根本动摇。“礼崩乐坏”成了近代中国社会的普遍写照。正如李大钊所言：时代变了！西洋的文明打进来了！西洋的工业经济来压迫东洋的农业经济了！孔门伦理的基础就根本动摇了！②

---

① 贺麟．文化与人生［M］．北京：商务印书馆，1999：5.

② 李大钊选集［M］．北京：人民出版社 1959：297.

其实，早在1896年梁启超就已指出，文化危机是中国更为深刻、更为根本的民族危机这一重要见解。他认为，今日非西学不兴之为患，而中学将亡之为患。①

后来以章太炎为代表的晚清国粹派也表达了此种忧虑，认为近代的西方侵略者所拥有的文化在势能方面强于中国传统文化，他们的侵略不局限于政治、军事以及经济，更为主要的是力图从文化上使旧中国亡国灭种。也就是说，一旦文化消亡，则整个民族的“元气”殆尽，如此一来，中国所遭遇的将不单单是亡国，而是陷入万劫不复的灭种之灾：“学亡则亡国，国亡则亡族”。故国粹派特别强调文化救亡才是民族救亡的根本，进而提出了“保种、保国、存学”的口号，主张“爱国以学，读书保国，匹夫之贱有责焉”②。国粹派的主张虽有过当之处，但实实在在地反映出当时国人心中那份沉重的文化危机感。

到新文化运动时期，展开了中西文化论争，不论是文化保守派主张全盘复古传统文化，还是文化西化派主张全盘西化，虽然都有失简单化并暴露了文化复古主义或文化虚无主义的倾向，但都在不同层面上把当时国人的文化危机意识表达得淋漓尽致。

其实新文化运动时期的中西文化论争是之前中西文化论争的延续。近代“西学”便沿着陆路东渐，初步传入中国，就激起过历史上第一次中西文化的论争。当时被喻为中西交流第一人的徐光启就认为“西学东渐”是件大好事，只要“于国有利，何论远近”，人们也只需要“虚心扬榷，拱受其成”即可；当然，对于“西学”，若要“欲求超胜，必先会通”。而以杨光先为代表的守旧势力则坚决反对引进西方的一切科学技术文化。在历法问题上演化出的“杨光先教案”，名为一场重大的政治案件，实为一次文化冲突。但此时段的文化冲突多表现在科技应用方面，还是浅层的冲突，不仅处于深层结构的文化心理丝毫未动，就连处在中层结构的社会政治伦理制度也没有触动过。

---

① 梁启超．饮冰室合集：文集之一［M］．北京：中华书局，1989：126.

② 邓实．国学保存会小集叙［J］．国粹学报，1905（1）．

经过历史洄流，中国在闭关自守中落后了一百多年。西方列强破关入侵，从鸦片战争直到晚清末年，当时国人为救亡图存而主张“学西”，从学西方技术中经学西方制度再到学西方文化，于是在文化领域，主张吸取西学思潮成为主流。当然，也有些顽固派抵制或反对西学。因此此时段陷入中西“体用”“道器”论争之中。较之中西文化论争，已触及处在中层结构的社会政治伦理制度的变革，但当时的思想者仍瞻前顾后，故而这样的论争不能从根本上解决那时中国的实际问题。如梁启超所自白：康、梁、谭辈即生育于此“学问饥荒”之环境中，冥思枯索，欲以构成一种“不中不西即中即西”之新学派，而已为时代所不容。盖固有之旧思想，既深根固蒂，而外来之新思想，又来源浅觳，汲而易竭，其支绌灭裂，固宜然矣。①

进入五四新文化运动时期，以《东方杂志》为阵地的杜亚泉等人与以《新青年》为阵地的陈独秀、李大钊等人围绕中西文化异同与优劣展开论辩。随着论辩的深入，由比较中西文化异同与优劣引申为新旧文化能否融合。特别是1920年梁启超提出“西方文明破产论”和1921年梁漱溟“中国文化回归论”之后，使得“东西文化观”大论战重新回到异同与优劣的比较上，且论辩的深度、论辩的规模、论辩的影响力都大大前进了一步。论辩的结果是西方文化派占据当时中国相当的话语权，并明确提出了中国文化的出路在于文化置换，以西化中。如胡适在《中国今日的文化冲突》中提出了“抗拒”“全盘接受”“有选择性的采纳”三种对待西方文化的态度，并声称中国已经没有人再坚持“抗拒”了②。再如陈序经在《中国文化的出路》中提出了“保存中国固有文化”“中西合璧”“全盘接受西洋文化”三种文化建设的路向，并声称特别主张要全盘西化。③ 由此，“中国文化出路”大论辩的序幕揭开了。特别是《中国文化的出路》一书出版后，引起了思想文化界当中对中国传统文化有“了解之同情”和“温情与敬意”的知识分子的强烈反响。梁启超提出了“中国人之自觉”的重要命题，既反对妄自尊大，更

---

① 梁启超．饮冰室合集：专集之三十四［M］．北京：中华书局，1989：71.

② 胡适：胡适论学近著：第一集［M］．济南：山东人民出版社．1998：437.

③ 原文为：“兄弟是特别主张第三派的，就是要中国文化彻底的西化。”参见陈序经．中国文化之出路［J］．文化月刊，1934（7）．

反对妄自菲薄，并断言当时落后的中国也能在全人类文化史中占一位置。①而梁漱溟提出了著名的世界文化发展“三种路向”说，自信中国文化将复兴。这就说明此时段国人的文化危机意识较之此前先民已发生了深刻的内涵转换，即此前国人的文化危机意识体现为一味强调“惟新是求”，向“西”学习，那么，此时段则转换到重审中西文化之差异，谋求中华民族文化复兴。如此一来，虽说国人的文化危机意识没有减弱，但反映出了五四新文化运动后国人因文化危机所积累的文化焦虑却明显缓解，不再有人重提“学亡则亡国，国亡则亡族”这类的“危言”，取而代之的则是富有理性的学理探讨。照此思索便可理解，为什么后来会有著名的《中国本位的文化建设宣言》发表，而“民族文化复兴”的口号更不胫而走。

由此可见，于文化背景而论，《中国本位的文化建设宣言》的发表年是五四新文化运动后二十年，也是讨论“中国现代化问题”后两年，更是全盘西化派鼓吹“西化”风头正劲之年。由何炳松等十位教授对全盘西化作出回应，他们主张文化建设以中国文化为本位，以防止“拼命钻进古人的坟墓”和“抱着欧美传教师的脚”不放，“恢复中华民族的自信力”。据樊仲云回忆说：为了恢复中华民族的自信力，于是我们提出建设中国本位文化的主张。②

据何炳松所说：我们的初衷无非想矫正一般盲目复古和盲目西化这两种不合此时中国需要的动向……我们的宣言假使能够激起主张这两种动向者再能各加一番反省的功夫，那我们的目的就可算达到了。③

事实上，到五四新文化运动前后，中国在一定程度上算是进入现代民族国家了，因为国人毕竟已站立在民族国家新的时代支点上了，包括物质的与精神的，尽管那时仍旧存在民族危机，但就国人的视野、心态与胸襟，特别是自信心而言，较之晚清已是一大进步。中国能在随后的抗日战争中取得伟大的胜利，此一前提条件不容忽视。正如贺麟所言，近数十年来，虚心努

① 梁启超．饮冰室合集：专集之五十［M］．北京：中华书局，1989：1.

② 钟离蒙，杨凤麟．中国现代哲学史资料汇编：第二集第六册［G］．沈阳：辽宁大学哲学系印，1982：211.

③ 何炳松．序［A］．马芳若．中国文化建设讨论集：上［C］．上海：经纬书局，1935：1.

力，学习西洋新学术，接受西洋近代化的结果，我们整个民族已再生了，觉悟了，有精神自由的要求了，已决非任何机械武力、外来的统治所能屈服了。① 这种自信心、自信力的恢复，意味着探索（民族文化）主体性的自我觉醒。

二、恢复中华民族的自信力

事实上，“没有了中国”和思想界“各种不同的主张正在竞走”，只是问题的一面。问题的另一面则是当时思想界已开始对追随西学的历程展开了反思。早在 1930 年，《国闻周报》就刊出《社会科学者应当努力》专论，倡议“如何撷汲新潮中外，使中国之政治、法律、经济、社会诸种建设与改造，别出机枢，卓然有以自立”② 应该成为社会科学家躬负的责任。正是基于这样的倡议或反思，王新命等十位教授才联合起来宣称要建设中国本位的文化，祈求造成一种“中心的信仰”③。萨孟武在答胡适的《试评所谓“中国本位的文化建设”》时也明确指出，我们是否须坐听文化覆灭，民族灭亡，而不应该建设一个新的基本观念，以挽回人心？④

可以说，恢复中华民族的自信力，是《中国本位的文化建设宣言》的作者们及当时许多知识分子反思中国近代文化发展历程所得出的一个结论，尽管其中夹杂着非常复杂的政治因素。

于是，在《中国本位的文化建设宣言》的作者们看来，“恢复中华民族的自信力”应该成为实现民族文化复兴的入手处。对于这一点，当年民族文化复兴运动的核心人物陈立夫也是非常认同的，他讲：“欲救民族，必先将

---

① 贺麟．文化与人生［M］．北京：商务印书馆，1999：20.

② 佚名．社会科学者应当努力［J］．国闻周报，1930（7）．

③ 南京《朝报》．中国本位文化之建设［A］．马芳若．中国文化建设讨论集：上［C］．上海：经纬书局，1935：15.

④ 萨孟武．论中国本位文化建设答胡适先生［A］．马芳若．中国文化建设讨论集：中［C］．上海：经纬书局，1935：70.

民族之自信力救起”①。为什么强调从自信心救起呢？这因为在半殖民地半封建社会里：乡村破产了，人口向都市集中。都市又依赖外国或受外国商品的资本的控制，所以民族自主的思想也就消沉不振。惧外媚外的心理就发达了。②

在发达的惧外媚外心理影响下，民族自主的思想变得消沉不振，如果没能“恢复中华民族的自信力”，一切自救性历史行动都将以失败而告终。因此，为了“使国人不至于盲从各种矛盾的思想”，就必须重塑一个基础性的、具有统摄作用的价值观念，否则，民族文化不复存在，进而民族亦至覆灭。对于国人失去自信心，张东荪是倍感悲哀的，他曾说，这二三十年来，欧化东渐，人们往往只看见他人的长处，同时又只看见自己的短处。凡社会上所崇拜的人大抵是痛骂本国文化的人。一个民族对于自己固有文化，这样看不起，便自然而然失了自信心。多少年的思想与教育可以说都是助长这个自卑的潮流。③ 如此，张奚若一再提醒社会科学家们，民族的自尊心是不应该打倒的，民族的自信心是不应该摇动的。④

民族复兴以文化复兴为前提。因为“操纵全社会盛衰兴亡之枢纽者”，“在国家可谓之国魂，在民族可谓之民族精神”⑤。而或民族精神仍是一个民族、国家存亡与持续发展的原动力。一个国家若缺乏国魂，一个民族若缺乏民族精神，其亡可立而待。如此，陈立夫讲道，现在大家都痛感民族地位的杌陧，国家情势的危殆，以为在这千钧一发之时，民族复兴运动实为现在每一个国民应有之自觉，应有之自信，应有之自奋。⑥

---

① 钟离蒙，杨凤麟．中国现代哲学史资料汇编：第二集第六册［G］．沈阳：辽宁大学哲学系，1982：43－45.

② 钟离蒙，杨凤麟．中国现代哲学史资料汇编：第二集第六册［G］．沈阳：辽宁大学哲学系，1982：204.

③ 钟离蒙，杨凤麟．中国现代哲学史资料汇编：第二集第六册［G］．沈阳：辽宁大学哲学系，1982：71.

④ 中国第二历史档案馆．中华民国史档案资料汇编：第五辑第一编·文化（二）［G］．南京：江苏古籍出版社，1994：245.

⑤ 钟离蒙，杨凤麟．中国现代哲学史资料汇编：第二集第六册［G］．沈阳：辽宁大学哲学系，1982：192－193.

⑥ 陈立夫．文化运动与民族复兴［A］．马芳若．中国文化建设讨论集：下［C］．上海：经纬书局，1935：251.

于是，在文化复兴运动中，《中国本位的文化建设宣言》的作者们基于“中国是中国，不是任何一个地域”“中国是现在的中国，不是过去的中国”① 这一特殊的时空性，对全盘西化和盲目复古进行了批驳，认为中国与英、美、俄、意、德等国家有其不同的情形，故不赞成完全模仿；而传统文化是精华与糟粕并存，故不能重演历史。易言之，《中国本位的文化建设宣言》的作者们认为对待西方文化与传统文化应该是有所取舍，“存其所当存，去其所当去”②，而不是连渣滓都吸收。刘絜敖也讲道，不顾世界实情，一味主张复古的人，不消说我们是誓死地反对；就是完全忘了自己，而主张全盘接受欧化的人，我们亦不能不表示惊奇！我们并不是欧美文化体下的附庸！我们自有我们自己独立发展文化的使命！我们本来是有定型文化的民族，并非其他无文化民族之可以全盘接受外化者可比！我们吸收欧美文化，只为补我们固有文化之不足，所以我们虽可大量吸收欧美文化，但吸收过来，我们即须使其立刻中国化！我们不愿生吞！我们不愿活剥！我们不愿在我们的腹内，有一个可以顽梗致命的怪东西！我们更不愿我们吃了这个怪东西后，我们就根本化体为白皮色的欧美人！我们始终是中国人，我们是有我们独立自尊的人格！③

《中国本位的文化建设宣言》的支持者也认识到，夫徒事模仿，抄袭或介绍，要亦非根本之大计，良以文化有其历史之渊源，又有其社会与自然之背景。④ 所以，中国的问题需要我们具体的认识，解决中国问题的方案，亦需要我们就实际情形而重新决定。⑤ 即使胡适也一度提出，建国“不完全是

① 王新命，等. 中国本位的文化建设宣言［A］. 马芳若. 中国文化建设讨论集：上［C］. 上海：经纬书局，1935：4.

② 王新命，等. 中国本位的文化建设宣言［A］. 马芳若. 中国文化建设讨论集：上［C］. 上海：经纬书局，1935：5.

③ 刘絜敖. 中国本位意识与中国本位文化［A］. 马芳若. 中国文化建设讨论集：下［C］. 上海：经纬书局，1935：246.

④ 雷伯豪. 中国本位的文化建设的基础在何处［A］. 马芳若. 中国文化建设讨论集：下［C］. 上海：经纬书局，1935：32.

⑤ 陈高佣. 怎样了解中国本位的文化建设［A］. 马芳若. 中国文化建设讨论集：中［C］. 上海：经纬书局，1935：232.

‘师法外国’的问题”①。

其实，在实现民族复兴运动中，批驳全盘西化和盲目复古，还蕴藏着要把文化建设同反帝反封建结合起来。所以，《中国本位的文化建设宣言》的作者之一陈高佣认为中国在当时最为紧近的问题就是“把我自己的民族如何先从帝国主义的束缚之下复兴起来”。② 庄心在在响应《中国本位的文化建设宣言》时也曾讲道，要建设中国为本位的新文化，还该先突破帝国主义势力的羁勒，而解放出真正独立光荣的民族。……隶属化的经济机构与次殖民地的政治形态下面，是不会有中国本位的文化建设的。③ 所以面对裂土分疆已成事实的严峻事态，他呼吁：中国应该抵抗帝国主义的侵略，一切政治、经济、文化的建设，都应该以反帝图存为标准，否则，侵略日亟，抵抗不施，将来弄得连领土都不见了，还有什么中国本位？还有什么中国本位的文化建设？④

而在全盘西化派那里，除了坚决反对封建主义外，也有一部分学者呼吁要反帝国主义。比如陈序经就承认：“中国今日之受帝国主义的侵略，而影响到乡村，是无可讳言的”。⑤ 沈昌晔同样承认是帝国主义的经济侵略使农村急速破产，所以他强调要有效地推进乡村建设运动，“必须有赖于民族解放运动作挣脱束缚的努力”⑥。此外中国共产党人将反帝反封建并提，认为中国文化的滞后是帝国主义、封建主义双重支配下的结果。其实，能够像梁实秋那样“欢迎文化侵略”⑦ 者可谓是寥寥无几。

---

① 胡适．建国问题引论［J］．独立评论，1933（77）：7.

② 陈高佣．怎样了解中国本位的文化建设［A］．马芳若．中国文化建设讨论集：中［C］．上海：经纬书局，1935：232.

③ 南京《中央日报》．中国本位的文化建设宣言的回响［A］．马芳若．中国文化建设讨论集：上［C］．上海：经纬书局，1935：17.

④ 马望．关于中国本位的文化建设［A］．马芳若．中国文化建设讨论集：上［C］．上海：经纬书局，1935：31—32.

⑤ 陈序经．乡村建设理论的检讨［J］．独立评论，1936（199）．

⑥ 沈昌晔．农村建设运动之我观［J］．国闻周报，1936（10）．

⑦ 梁实秋．自信力与夸大狂［A］．马芳若．中国文化建设讨论集：中［C］．上海：经纬书局，1935：259.

三、建设中国本位的文化

如何重振文化自信心呢？《中国本位的文化建设宣言》的作者及其支持者一致认为那就是建设中国本位的文化。因为自鸦片战争以来的“尊西崇外”思潮对中国产生了严重的影响，必须予以修正，即由参照西方而思考中国“应如何”，转变为基于国情社情而研究中国“能够如何”；由祈求理想转为改造现实；最为显著的地方是，由呐喊“世界”转为召唤“中国”。这也说明，国人在当时就有点自觉心理了，不甘学人言语，随人脚跟，而要求文化之独立了，要求文化之创造了。① 室伏高信就深刻地理会到这一点，在世界文化的波浪上，中国人回顾他们的过去，自己醒觉，自己反省，而在模仿与翻译之长久记录后，继续自己的再评价，以创造自己。②

那什么是“中国本位的文化”呢？《中国本位的文化建设宣言》作者们的个人解释是不尽一致的。何炳松完全遵循《中国本位的文化建设宣言》的解释，把“中国本位”理解为“此时此地的需要”，主张根据“此时此地的需要”来对待古今中外文化。③ 陈高佣则把孙中山先生主张的“明乎世界趋势与中国国情”理解为“中国本位”④。陶希圣依据当时中国处于半殖民地半封建社会，认为中国经济政治以及思想，必须向（一）独立自主的，（二）反列强资本主义的，（三）有组织有计划的方向上走，中国才可保救。⑤

但从《中国本位的文化建设宣言》的内容来看，我们认为中国本位的文化是以中华民族为主体的，是从中国的特殊国情出发的，是具有民族特质的文化。

---

① 余景陶．谈中国本位文化［A］．马芳若．中国文化建设讨论集：下［C］．上海：经纬书局，1935：114.

② 室伏高信．中国思想界的巨浪［J］．文化建设，1935（12）．

③ 何炳松．论中国本位文化建设答胡适先生［A］．马芳若．中国文化建设讨论集：中［C］．上海：经纬书局，1935.

④ 陈高佣．中国文化问题研究［M］．上海：上海书店出版社，1989.

⑤ 陶希圣．对于《中国本位文化建设宣言》的补充说明［J］．教育短波，1935（27）．

首先，中华民族是其创造、承载与享受主体。中华民族作为世界民族之林的重要成员，是一个独立的民族单位，具有异于其他民族的生境，进而有异于其他民族的文化需求，因此中国的文化建设是围绕中华民族“此时此地的需要”而展开的。如此，本位的意义最直接来说就是自我的立场，中国本位就是中国自我立场，建设中国本位的文化，就是建设以中国自我为立场的文化。①

其次，以中华民族为体，以中西文化为用。常乃悳曾提出要区分“中国本位的文化”与“中国文化本位的文化”。若把“本位的文化”滤掉，可以看到常乃悳是要把“实体的中国”与“文化的中国”作一区分。既然中华民族是其创造、承载与享受主体，那么，对于“中国本位”的理解，若非要借用“体用”来作分析，从予的话是可借鉴的，说所谓中国本位者，便是以现代中国为体，而以古今中外一切事物为我之用，即以我们此时此地之需要为标准，就古今中外的一切，建设适于现代环境的新中国。② 所以，“实体的中国”是“文化的中国”的创造、承载与享受主体，“文化的中国”反映、满足“实体的中国”。

再者，以“此时此地的需要”为原则。文化是差异化生成的。由于中国文化的生成元和生成性都异于其他民族文化，因此，必须以这种文化的特殊性需求作为文化的创造、选择、吸纳与消费的指导原则，即以“此时此地的需要”为基本遵循。正如章渊若所说：任何外来之文物制度、主义学说，只有合于我民族精神、历史背景、社会需要者，始有其价值；亦惟有为我民族所消化后，始能发挥其功用，此又今后从事文化建设运动者所应注意而觉悟者。③

最后，必须具有中华民族的特质。文化特质是一民族文化区别于其他民族文化的内在规定性。从中国文化的生成元和生成性出发，不论是“中国本

① 李绍哲．中体西用与中国本位辨异［A］．马芳若．中国文化建设讨论集：中［C］．上海：经纬书局，1935.

② 从予．关于特殊性［J］．文化建设，1935（7）．

③ 章渊若．中国文化运动之动向——为纪念五四运动作［A］．马芳若．中国文化建设讨论集：下［C］．上海：经纬书局，1935：168.

位的文化”还是“中国文化本位的文化”，都应该是具有中华民族特质的文化。否则就是《中国本位的文化建设宣言》所说的，中国的政治制度、社会组织、思想文化形式与内容都失去了自己的“特征”。建设“本位的文化”内蕴着重塑中国文化的民族特质。

虽说《中国本位的文化建设宣言》内容过于简略，它只表现出一种文化建设的态度，但这种以中华民族为主体，以古今中外文化为用的文化主张却包含了一种对中国文化建设的主体性的强调与张扬。

因为旧中国面临着向何处去的痛苦抉择，伴随国家的何处去，民族文化也面临此问题：究竟是走民族化的道路呢，还是选择世界化道路呢？民族化是外来文化与中华民族相结合还是复古化呢？世界化是外来文化转换中国文化还是中国文化走向世界呢？但在当时，西方文化是现代化的代表，要实现中国文化的现代化就必须吸纳包括西方文化在内的一切先进文化。而作为西方文化创造、承载与享受主体的帝国却是造成近代中国贫弱的主因之一，因此实现民族独立、人民解放、国家富强、人民富裕又必须与西方帝国进行斗争。如此一来，一方面要实现现代化必须学习西方先进文化，另一方面要实现民族独立必须反对西方帝国主义。故而，《中国本位的文化建设宣言》的作者及其支持者认为文化发展应以“解放民族为中心问题”①，本着“不独化不同化”原则，对西方文化取其所当取，对传统文化存其所当存。由此可见，他们走了一条中间道路，即在完成民族文化现代化转化的同时，又避免被外来文化所同化，以保持民族文化独立性。

尽管现代化的西方模式在某种程度上享有历史上的优先地位，并且会在较长历史时期成为其他民族国家实现现代化的重要参照物，但现代化不等于西方化。《中国本位的文化建设宣言》强调吸纳西方先进文化却坚持“本位”立场，力图突破西方文化现代化的传统模式，来建设中国自己的新文化。这种挺立主体性、自主性的文化主张，充分体现了当时知识分子在近代“天下”崩解后开始思虑如何在全球范围内保持民族文化独立性的觉醒与自觉。这份觉醒与自觉，在中国近代思想文化史上具有独特的价值，即既避免

---

① 陈高佣．中国文化问题研究［M］．上海：上海书店出版社，1989：25.

了全盘西化所导致的民族文化主体性的丧失，又超越中体西用带来的各种弊端。

特别值得注意的是，当时以颜行为代表的知识分子基于新民主主义观点，认为不论是“中国本位的文化”还是“中国文化本位的文化”，其建设途径与任务，应当是：第一，反帝国主义的文化；第二，反封建主义的文化；第三，反一切不适合中国现实的社会经济政治的文化。①

在一中二西鼎立的文化格局中，自然是有马克思主义舞台的。更何况《中国本位的文化建设宣言》及其在文化民族性与时代性、整体性与可分性等问题方面所引发的论战，意味着新时代的到来。

① 颜行．中国本位文化建设之基要观［A］．马芳若．中国文化建设讨论集：下［C］．上海：经纬书局，1935：39.

第三章　民族的而非民族主义的：文化自立的重塑再构

——以《新民主主义的政治与新民主主义的文化》为考察中心

《中国本位的文化建设宣言》发表两年后，抗战全面爆发。随后，抗日战争进入相持阶段。此时段“妥协空气，反共声浪，忽又甚嚣尘上，又把全国人民打入闷葫芦里了……特别是文化人和青年学生，感觉锐敏，首当其冲……于是怎么办，中国向何处去，又成为问题了”①。为了“更加大大发扬了民族的自尊心和自信心”②，民族文化和新文化问题再次进入人们的视野。在“道出于三”③ 的文化格局中，中国共产党以马克思主义为指导，再塑文化自立，建设民族的、科学的、大众的文化，为在迷茫中不知所措的国人指明了一条文化建设新路。而由中国共产党领导的、由陕甘宁边区文化协会主办的《中国文化》与同时期刊物相比，除服务抗战外，另一个显著特点在于它集中讨论了当时中国文化建设问题，其刊出的《新民主主义的政治与新民主主义的文化》更是提出了新民主主义文化纲领。

---

① 毛泽东选集：第二卷［M］. 北京：人民出版社，1991：662..

② 胡蛮. 鲁迅对于民族的文化和艺术问题底意见［J］. 中国文化，1940（1）.

③ 罗志田. 道出于三：西方在中国的再次分裂及其影响［J］. 南京大学学报（哲学. 人文科学. 社会科学），2018（6）.

第一节　旷古未有的大灾难

《中国文化》创刊于1940年2月，其创刊号发表的首篇文章是毛泽东在1940年1月9日陕甘宁边区文协第一次代表大会上的讲话《新民主主义的政治与新民主主义的文化》，它的创刊或发表的历史背景是中国文化正如自己民族一样，遭逢着旷古未有的大灾难。①

一、日本军国主义的文化侵略

日本军国主义对中国的文化侵略从侵华以来就已展开，但在发动全面侵华战争后，为“辅佐”武力殖民统治，其文化侵略活动全面而系统，从教育到宣传，从文学到艺术，无处不在推进“非中国化”“去中国化”，妄图全面控制中国文化。

就教育来说，在日占区，日伪政府设置教育管理机构，新建并控制着教育体系。比如伪临时政府在1938年4月5日颁布《教育部训令》，将教育方针明确规定为：彻底取缔党化排日教育；实践职业教育；禁止男女共学；奖励体育；组织学校少年团；采用新定教科书；对中小学职员再教育；刷新女子教育；指导监督外国各学校等。②

基于这样的教育方针，日伪开始改组原有院校，并新建“新民学院”“国立北京师范学院”“陆军军官学校”等，逐渐恢复各级各类学校教育。在整顿教育的过程中，成立了“教科书编审委员会”，严格把控教学内容，以便竭力鼓吹“新民主义”“中日满亲善”“共存共荣”“王道乐土”等谬论。日本国歌、《卿云歌》、《新民青年歌》成为必唱歌曲，日语成为必修

① 陕甘宁边区文化界救亡协会．我们关于目前文化运动的意见［J］．解放，1938（39）．

② 转引王士花．华北沦陷区教育概述［EB/OL］http：//jds. cass. cn/xrfc/xrsb/201605/t20160506_ 3327788. shtml.

课。课堂上，校园里，到处弥漫着亲日的气氛，“以期入学儿童更兴亲日之感”①。由此可见，从学校教育到社会教育，从普通教育到特殊教育，从师范教育到职业教育，从外文教育到日语教育，无不以奴化为中心，完全服务于侵华战争和殖民统治。

就宣传来说，日本军国主义政府情报委员会先后出台了《关于北支事变的宣传实施纲要》《对于支那事变的宣传方策大纲》《关于东亚新秩序建设的宣传方策大纲》等材料，并多次举行秘密的“思想战讲习会”②，依据这些材料和“思想战讲习会”研讨出来的实施办法，日伪建立了情报搜集和发布机构、伪政府宣传系统、华北宣传联盟等伪专业团体组织，思想战在中华大地逐步推行。在此过程中，日伪不仅增加了专门的新闻舆论管理机构，还在中华大地设立了同盟通讯社、东京朝日·大阪朝日、东京日日·大阪每日、新爱知国民新闻、福冈日日新闻等日本主要新闻通讯社的分社，创办经营了《华北新报》《新民报》《晨报》《顺天时报》《民众报》《小实报》《实报》《实言报》《益世报》《立言报》《华言报》《时事快报》等，同时管制广播电台。综观日伪政权的新闻出版结构，秉承日寇旨意，垄断和操纵文化宣传，宣扬“建立东亚新秩序”“东亚圣战”等法西斯主义思想，鼓吹“中日提携”“和平救国”等卖国言论，把殖民地的思想、观念和道德传给国人，把受众引向堕落的深渊。而这些新闻出版结构正是宣扬日本侵华、进行奴化宣传的基本工具。③

就文学来说，为日本军国主义服务的文学保国会先后派出了林房雄、横光利一、小路实笃、小林秀雄、河上徹太郎、阿部知二、久米正雄、真船丰等作家来华以文艺交流的方式承担着文化侵略的任务。特别是他们抛出了“大东亚文学”服务于“大东亚共荣圈”的思想，让文学为日本军国主义讴歌，进而美化侵略战争。而《华文大阪每日》杂志因其集中反映日本军国主

① 中共天津市委党史研究室，天津市档案馆．日本帝国主义在天津的殖民统治［M］．天津：天津人民出版社，1998：478.

② 王向远．日本对中国的文化侵略——学者、文化人的侵华战争［M］．北京：昆仑出版社，2005：203－204.

③ 北京市地方志编纂委员会．北京志·新闻出版广播电视卷·广播电视志［M］．北京：北京出版社，2006：23.

义立场、纲领、观念，故在参与思想战的诸多日伪新闻出版结构中起着“带头大哥”的角色①。

就艺术来说，日伪政权常以电影、绘画、戏剧等多种形式控制人们的思想。以电影业为例，日伪政权不仅制定了《审查电影办法》，对那些“发扬东亚文明”“促进中日亲善”的电影予以奖励，对那些“宗旨不正含有反动思想”“妨碍邦交”的电影予以取缔，还开展“华北文化电影运动”，成立“华北电影公司”，拍摄了诸如《更生》《建设东亚新秩序》《春天的北京》《东亚进行曲》《东亚的黎明》《复旦光华》《可怕的虎烈拉》《协力同心》《恶魔的私语》《孔雀东南飞》《御碑亭》等宣抚电影，宣传“日中亲善”“共存共荣”“强化治安”“大东亚新秩序”等内容，紧密配合日寇的军事侵略。

正是因为有了教育、宣传、文学、艺术等武力之外的“精神力量”的介入，日伪政权期待达到思想教化和精神麻痹的效果，建立日寇独占的殖民地文化，以最后巩固它在中国的殖民统治。②

二、新文化运动的西化倾向

由于五四以来的新文化运动主张“反孔教、反文言、抵制儒家学派”而偏离了民族性轨道，致使其呈现出西化倾向。如陈序经认为中国文化根本上既不若西方文化之优美，而又不合于现代的环境与趋势，故不得不彻底全盘西化。③ 但像陈序经那样执拗于全盘西化的，在西化派中应该是极其少有的。即便是在1929年主张全盘西化，一心一意地走上世界化的道路④，并完全支持陈序经主张的胡适，却认为严格的全盘西化是不容易成立的，而谋求“充

---

① 张泉．沦陷时期北京文学八年［M］．北京：中国和平出版社，1994：40.

② 洛甫．抗战以来中华民族的新文化运动与今后任务［J］．中国文化，1940（2）.

③ 陈序经．关于全盘西化答吴景超先生［A］．马芳若．中国文化建设讨论集：中［C］．上海：经纬书局，1935：13.

④ 胡适．中国今日的文化冲突［A］．胡适．胡适论学近著：第一集［C］．济南：山东人民出版社，1998：437.

分的世界化”。[①]

虽非全盘西化，但西化派主张中国文化“欧化”或“资本主义化”是非常明确且一致的。比如李麦麦不否认中国过去数千年的文化遗产中有应保存和应宏大的文化遗物，但他认为要在我们的文化已经欧化近代化之后才有可能。[②] 又如张熙若在区分“西化”与“现代化”——“现代化”可以包括“西化”，“西化”却不能包括“现代化”[③]——之后，主张在自然科学、工业、学术以及思想方法等方面可以实现“大部西化”。再如熊梦飞要求把西方现代文化的“根本东西”——科学的学术思想、机械化的工业与农业、民主化的政治社会与家庭组织，“无条件地整个吸取”[④]。

尽管西化派的观点表达了向西方学习以振兴国家的强烈愿望，且在反对封建主义、反对国民党文化专制主义上有其现实意义，但他们在保持民族文化主体性与民族精神独立性方面却偏离了轨道，并在建设中国文化的方式上有些“矫枉过正”。其实，对本民族的传统文化进行否定，完全可以说是对本民族自身的一种否定，而国人对本民族的否定是不可能使本民族真正获得独立发展的，进而无法保持民族文化主体性与民族精神独立性。因此，对待古今中外文化都要批判性吸收，都要“尊重历史的辩证法的发展”[⑤]。

三、国民政府的复古逆流

国民党的文化政策，依其发展来看，大致经历了由三民主义到取法欧美，再到效仿俄国最后复古传统的历史过程。

在兴中会的章程以及同盟会的政纲中，充满了民族主义、民权主义、民

---

① 胡适．充分世界化与全盘西化［A］．马芳若．中国文化建设讨论集：中［C］．上海：经纬书局，1935：272.

② 李麦麦．评《中国本位的文化建设宣言》［A］．马芳若．中国文化建设讨论集：上［C］．上海：经纬书局，1935：40.

③ 张熙若．全盘西化与中国本位［A］．马芳若．中国文化建设讨论集：中［C］．上海：经纬书局，1935：246.

④ 熊梦飞．谈“中国本位文化建设”之闲天［A］．马芳若．中国文化建设讨论集：中［C］．上海：经纬书局，1935：131－134.

⑤ 毛泽东选集：第二卷［M］北京：人民出版社，1991：707.

生主义。至1924年中国国民党召开之前，旧三民主义在文化领域，已经发展成为一个比较彻底的反帝反封建的民族平等、主权在民、民生史观和科学启蒙的理论体系。① 不过孙中山亦看到当时中国的人物皆无用，故主张“取法西人的文明而用之”②，所以他认为：要发扬固有文化，且吸收世界之文化而光大之。③ 如此一来，中华民国成立后，所制定的包括《临时约法》在内的大政方针都体现了西方文化精神。

尽管孙中山推翻了封建专制统治，但在建设民主共和时却遭遇了失败，且护法无望。这极大地触动了孙中山对当时中国革命的新理解，即通过比较十月革命与欧美革命、中国革命与俄国革命，逐渐信服共产党运用马克思主义改造社会的历史意义，进而生发了以“联俄、联共、扶助农工”为核心内容的新三民主义。进而，在俄国和中国共产党助其改组国民党的过程，他反复强调“以党治国”“效法俄人”④。

为什么孙中山会在较短的时间由“取法西人”向“效法俄人”转变呢？这是因为在他看来，欧美革命倡导“争个人的平等、自由，不是争团体的平等自由，所以每次革命，总是失败”；而俄国革命由于把“极端平等、自由的学说完全消灭”，“所以他们近来革命的效力，比较美国、法国一百多年以前的革命之效力还要宏大”⑤。但是，这次“效法俄人”孙中山是吸取了“取法西人”之教训的，认为不能照搬照抄俄国的经验做法。尽管“联俄”，他却明确表示，“共产组织，甚至苏维埃制度，事实均不能引用于中国”⑥。所以当日本记者询问其是否要把三民主义“再制列宁”“踏袭列宁等之所说”时，他非常肯定地回答道“决非如此”⑦。

虽说“效法俄人”对于当时的国民党进行革命建设取得了较为显著的成

① 谭献民．旧民主主义文化革命纲领的成熟——旧三民主义之文化革命纲领［J］．西南交通大学学报（社会科学版），2005（06）．

② 孙中山全集：第一卷［M］北京：中华书局，1981：278.

③ 孙中山全集：第七卷［M］北京：中华书局，1985：60.

④ 孙中山全集：第八卷［M］北京：中华书局，1986：268.

⑤ 孙中山全集：第十一卷［M］北京：中华书局，1986：266－271.

⑥ 孙中山全集：第九卷［M］北京：中华书局，1986：51－52.

⑦ 孙中山全集：第九卷［M］北京：中华书局，1986：532.

效，但二者之间也存在非常突出的矛盾。因为“效法俄人”一定要把生成于俄国文化土壤中的革命建国理念与方法同中国文化相结合，而国民党在处理二者关系时，不但没把二者相结合起来，反倒是把二者的对立理论化，特别是戴季陶主义。戴季陶在《孙文主义的哲学基础》《国民革命与中国国民党》这两本小册子中，把孙中山的中国文化观作了儒化处理，把国民党与俄国、与中国共产党的革命建国理念之间的对立性做了全面阐论。蒋介石掌舵国民党政府后，把戴季陶主义作为其政权的意识形态基础，这也就决定了蒋介石掌舵的国民党政府在思想文化领域必然会有复古逆流，其理论上的突出表现就是儒化三民主义，实践上的突出表现就是开展新生活运动。

三民主义本是国民党的意识形态，但戴季陶等人为了能与共产主义相对立，将三民主义不断儒化。戴季陶本人认为孙中山的思想“是二千多年来中绝的中国道德文化的复活”①，因此必须把三民主义作为中国的正统思想，“绝不能用唯物史观做最高原则”②。蒋介石掌权后，获得了统摄全国民党思想的合法性，一方面独揽三民主义解释权，另一方面借助戴季陶主义，亦不断儒化三民主义：一是以戴季陶的解释为准绳，称中山先生的思想，完全是中国的正统思想，就是继承尧、舜以到孔、孟而中绝的仁义道德的思想，将孙中山描述为中国儒家伦理道德的集大成者，将儒家伦理道德与三民主义融为一体，使之成为孙中山三民主义的“精髓”；二是不断强调新文化运动的开展和共产主义的传播把“中华民族固有的伦理、道德、精神、文化铲除唯恐不尽”，“使中国民族从精神上陷于绝境”③。在这一正一反中，使三民主义原有的民族民主革命与现代化之精神逐渐消解与湮没。所谓的复兴民族、复兴国家，便成为主要是恢复中国固有的忠孝仁爱信义和平的民族道德了。④受戴季陶主义影响并服务于蒋介石政府的叶楚伧将当时社会风尚的“落花流

① 戴季陶．孙文主义之哲学的基础［A］．高军，李慎兆，严怀德，王桧林，等．中国现代政治思想史资料选辑：上册［C］成都：四川人民出版社，1984：418－419.

② 戴季陶．孙文主义之哲学的基础［A］．高军，李慎兆，严怀德，王桧林，等．中国现代政治思想史资料选辑：上册［C］成都：四川人民出版社，1984：417.

③ 秦孝仪．总统蒋公思想言论总集：卷十一［G］．中国国民党中央党史委员会，1984：554.

④ 蔡尚思．中国现代思想史资料简编：第三卷［C］．杭州：浙江人民出版社，1983：587.

水”说成是因为“入主”和西洋文化、共产主义的输入①。

为进一步强化三民主义与儒学的关系，蒋介石不断型构载体，一方面型构物质载体，成立了中山文化教育馆，将其作为复兴民族文化方案的具体计划②，因为其成立旨在以树立三民主义文化与教育之基础，以培养民族文化为宗旨。③ 另一方面就是型构精神载体，即通过《三民主义之体系及其实行程序》等演讲和《中国之命运》等著书把自己塑造成为继承了孙中山的“道统”。

用儒化的三民主义指导实践，便是发起“新生活运动”。因为在蒋介石看来：今日吾国社会，一般心理，苟且萎靡，其发现于行为者，不分善恶，不辨公私，不知本末。善恶不分，故是非混淆；公私不辨，故取予不当；本末不明，故先后倒置。于是官吏则虚伪贪污，人民则散漫麻木；青年则堕落放纵，成人则腐败昏庸；富者则繁琐浮华，贫者则卑污混乱。④

如此一来，他主张必须把中国建设成为一个以忠孝仁爱信义和平八德为精神，以昌明我国固有的人伦关系的国家。⑤ 这种“新生活运动”不单单是文化复古，更是一种文化虚无，即全面否定中国人现实思想和道德。为什么蒋介石会如此看待当时的中国社会呢？借用艾奇逊的评价来说，就是因为蒋介石头脑充满着保守主义、封建意识、自私自利，狭隘的偏见和类似的种种限制。⑥

其实，蒋介石的文化复古和国民党要人的儒化三民主义，直接向世人也向中国共产党提出一个非常现实的问题：如何正确看待和对待中华传统文化？如何正确处理外来思想的本土化？如何重建中华民族的文化自信心？新社会的文化建设纲领究竟是什么？毛泽东作《新民主主义的政治与新民主主义的文化》演讲的重要目的就是要回答和反驳“顽固派”。

---

① 胡适文集：第五卷［M］．北京：北京大学出版社，2013：577.

② 中山文化教育馆筹备委员会．中山文化教育馆筹备委员会总报告［Z］．1933：1－2.

③ 中山文化教育馆筹备委员会．中山文化教育馆筹备委员会总报告［Z］．1933：49.

④ 国民政府行政院新闻局．新生活运动［Z］．1947：59.

⑤ 秦孝仪．总统蒋公思想言论总集：卷三［G］．中国国民党中央党史委员会，1984：152.

⑥ 世界知识出版社．中美关系史资料汇编：第一辑［C］．北京：世界知识出版社，1957：592－593.

第二节　建立中华民族的新文化

面对中国文化遭遇的旷古未有的大灾难，以毛泽东为代表的中国共产党人立足文化民族性重新思考中国文化的建设，“建立中华民族的新文化”是中国共产党人在文化领域中的目的。①

一、文化民族化的探索过程

人的发展是以文化的方式进行的。近代中国知识分子是在经历太平天国运动、洋务运动、维新运动以及辛亥革命均失败后，从技术、制度反思转向思想文化反思中才对此问题有所认识。这是因为封建社会的特质之一就是文化贵族化。故而在“开民智”这一命题逐渐被近代中国知识分子所理解并推行的过程中，陈独秀、李大钊等早期中国共产党人意识到了文化大众化的极端重要性。他们认为，一个国家的文化，仅仅是少数人有高深学问，而不普及教育，就算是有再多的精英，也犯不着赞誉之②；故而提倡知识分子要融入劳动大众当中去，新文化、新文明要传播到社会底层去。③

中国共产党成立后，把新理想、新文明引介给了人民大众，让思想处于混沌沉睡状态的大众在“主义丛林”的时代选择了马克思主义。随之而来的问题：一是如何让人民大众去掌握马克思主义。囿于马克思主义是欧洲无产阶级革命的产物，是十月革命送来的理论，党侧重于教化，把理论翻译宣介给大众，进而在宣介中启发其阶级意识、启发其在新文明中找到解放自身的钥匙，实现理论掌握群众。二是如何让普通群众学懂弄通、学深悟透马克思主义。囿于马克思主义在欧洲的出场境遇不同于在中国出场的境遇，不仅有空间间距——从欧洲到中国，还有时间间距——从当年到当代，且对话的主

① 毛泽东选集：第二卷［M］. 北京：人民出版社，1991：663.

② 陈独秀文集：第一卷［M］. 北京：人民出版社，2013：325.

③ 李大钊全集：第二卷［M］. 北京：人民出版社，2013：422.

体是工农群众，党侧重于以群众喜闻乐见的、民族化的方式进行马克思主义“化大众”工作。

在马克思主义大众化与马克思主义化大众的双向互动中，中国共产党不断推进大众的文化解放，促其全面自由发展。当然，不同的历史阶段侧重面有所差异。在整个民主革命时期，为造就社会新人，中国共产党致力于建设新民主主义文化，促群众同一切旧的思想、文化、教育、道德、习俗来个彻底决裂。

先进文化不仅能够“开民智”，而且能够“使国强”。在新民主主义革命时期，党把“建立中华民族的新文化”——民族的科学的大众的文化——作为“在文化领域中的目的”。正是在新民主主义文化这盏思想明灯的照耀下，新中国才同一切旧思想、旧文化教育体系、旧道德习俗来了个彻底决裂，经改造后确立起社会主义文化制度、树立起了社会主义新风尚。

但是，中国共产党人对于文化民族化的探索，经历了由机械否定传统文化，到高度认同文化民族化，再到深刻阐发自己的文化民族化思想的发展过程。随着新民主主义文化纲领的确定，才指明了中华民族文化发展的新方向，构建了中华民族文化发展的新格局。

在早期，中国共产党人提出的文化观点多表现为对文化的革命性和阶级性的揭示，而轻视了对文化民族性的阐发，在与“东方文化派”的论战中，甚至发表过否定文化民族性的观点。比如说，恽代英就认为中华传统文化既不是全体中国人所共有，也不是中国人所独有。① 陈独秀也认为人类文化是整个的，只有时间上进化迟钝，没有空间上地域异同。② 在与东方文化复兴派的论战中，瞿秋白认为东西文化的差异，其实不过是时间上的，人类社会的发展，因为天然条件所限，生产力发展的速度不同，正因为人类社会发展有共同的规律，所以东方文化与西方文化有相异之处，是时间上的迟速，而非性质上差别。③

早期中国共产党人之所以会缺失对文化民族性或文化民族化的认知，主

① 中共中央书记处．六大以前：党的历史材料［M］．北京：人民出版社，1980：379.

② 陈独秀著作选编：第三册［M］．上海：上海人民出版社，2009：198.

③ 瞿秋白选集［M］．北京：人民出版社，1985：9.

要是基于如下原因：一是由于中国共产党人此时多受经济决定论和历史阶级性理论的影响，理论水平还显得不够成熟。比如说李大钊就认为经济问题是根本，只要经济问题一旦解决，什么政治问题、法律问题、家庭制度问题、女子解放问题、工人解放问题，都可以解决①；凡一时代，经济上若发生了变动，思想上也必发生变动。换句话说，就是经济的变动是思想变动的重要原因。② 既然经济基础是普遍的、一般的，且不具有民族性，那么，作为经济基础产物的文化，也就无从谈起民族性。聚焦到中华传统文化上来，此时的中国共产党人对于中华传统文化在总体上是持否定态度的。

二是把反封建主义作为反帝国主义的前提。早期中国共产党人具有强烈的反封建反传统的意识，普遍认为不去尽帝国主义的一切势力，东方民族之文化的发展永无伸张之日③，如此一来，在建设与传统相决裂的“新文化”过程中，对中华传统文化中“精华”缺乏必要的认识，而对其“糟粕”却是无限放大。比如说，陈独秀就曾将文化保守主义者的言论视为“祸国殃民亡国灭种的议论”，更认为国学不过是“在粪秽中寻找香水”“寻找毒药”④。当然，反传统是当年新文化运动的主基调。这些作为新文化运动主干将的中国共产党人自然是会走向中华传统文化的对立面。后来胡绳就评价到，新文化运动时期在反对封建传统的笼统观念下，文化的民族特性也被否定。⑤

三是论战策略欠妥。新文化运动中后期中国思想文化界围绕中西文化掀起了一系列具有深远影响的论战。在这一系列论战中，特别是在“问题与主义”论战、“社会主义”论战以及与无政府主义者论战中，那些反马克思主义者以中国的“特殊性”为凭借，认为马克思主义不适合中国，社会主义不是中国的出路。因此，面对胡适、梁启超、张东荪、易家钺、郭梦良、朱谦之等人的反马克思主义或伪马克思主义的非议，早期中国共产党人出于形势的发展，淡漠了马克思主义“中国化”的意识，以否定文化民族化和中华传

---

① 李大钊全集：第三卷［M］. 北京：人民出版社，2006：6.

② 李大钊全集：第三卷［M］. 北京：人民出版社，2006：143.

③ 瞿秋白选集［M］. 北京：人民出版社，1985：18.

④ 陈独秀著作选编：第三册［M］. 上海：上海人民出版社，2009：198.

⑤ 胡绳文集［M］. 重庆：重庆出版社，1990：342.

统文化来说明马克思主义的科学性、实践性和革命性，出现了矫枉而过正的状况。因此，这一时期，虽说马克思主义在中国因论战得到了广泛传播，使更多的人认识到中国革命必须有马克思主义的指导，但却很不成熟，还没有深刻认识到要按照中国的特点去应用马克思主义。

大革命失败后，中国进入土地革命时期。虽说这一阶段，经过制度设计以及一系列的实践，发展了文化事业。但是，因革命斗争的需要，思想动员与政治宣传成为当时文化工作的重心，因而也就缺乏在理论层面上对文化民族化以及中国文化发展出路的基本考虑。

不过，中国共产党人在左翼文化运动和新启蒙运动中对文化民族化却有了新的思索，特别是“中国化”一词不断被论及与强化。如鲁迅主张文艺创作要有选择地采用“旧形式”，并指出“旧形式”正是“新形式的发端”。① 陈伯达主张不要全部推翻中国旧文化的传统，对于过去中国最好的文化传统，应该接受而光大。② 张申府也指出中国文化建设不能简单地对待中西文化，而是各种现有文化的一种辩证的或有机的结合。③ 柳湜的观点则直指文化的民族性，主张选拔旧文化中的具有民族意识的要素并发展它。④ 在这场左翼文化运动和新启蒙运动中，部分马克思主义学者也对“马克思主义中国化”问题展开了论述，例如陈唯实主张“辩证法之实用化和中国化”，艾思奇主张马克思主义“哲学研究的中国化”⑤，胡绳对“马克思主义哲学中国化”的解释，等等。特别是艾思奇等人开始对“马克思主义中国化”的必要性、可能性、基本原则和途径进行了详细的学理论证与阐释。这些主张与阐释，既标志着中国共产党人文化民族化观念的觉醒，也为毛泽东在1938年正式提出“马克思主义中国化”这一论断做了必要的准备。

但这并不是说早期中国共产党人没有这方面的认识，只是说在当年，李大钊、陈独秀、恽代英等人更侧重于从总体上否定文化民族化。事实上，他

① 鲁迅全集：第六卷［M］．北京：人民出版社，2005：23.
② 陈伯达．在文化阵线上［M］．上海：生活书店，1939：74.
③ 张申府文集：第一卷［M］．石家庄：河北人民出版社，2005：192.
④ 柳湜文集［M］．北京：生活·读书·新知三联书店，1987：721.
⑤ 艾思奇文集：第一卷［M］．北京：人民出版社，1981：387.

们或多或少是有些认识的。比如说，在与胡适展开“问题与主义”论争的过程中，李大钊明确提出了“主义”必须与“实境”相结合的基本思想；例如张太雷认为要把国际无产阶级政党的纲领和方法正确地运用于各国具体特点的基础之上。① 恽代英认为解决中国的问题，自然要根据中国的情形，以决定中国的办法。② 瞿秋白认为革命的理论永不能和革命的实践相离，应用马克思主义于中国国情的工作，断不可一日或缓。③ 我们在此需要指出的是，这些思想，在中国共产党幼年时期，对于文化民族化这个问题尚未形成深刻的、统一的认识。中国共产党人，特别是中央领导，真正意识到这个问题的重要性是在遵义会议以后，就全党而言，则是在延安整风以后。

抗战时期，整个中国都弥漫在“中国化”思潮之中④，中国共产党无疑成为这一思潮的主流。在此期间，毛泽东等中共中央领导人撰写了《实践论》《矛盾论》《论持久战》等著作，对马克思主义中国化的一些基本思想进行了深刻的阐述，特别是在中国共产党六届六中全会上提出了“马克思主义中国化”这个命题。这一命题从本质上说来，就是强调文化的“世界性”和中国文化“民族性”的相结合，它不仅仅承认文化具有民族性，更强调中西融合式的文化发展。也就是说，“马克思主义中国化”这一论断的提出，有一个重大而深刻的指向，即作为本质统一的马克思主义因置身于“20 世纪上半叶的中国”这一特殊的场位而呈现出差异性的出场方式和出场形态。最终在《新民主主义的政治与新民主主义的文化》一文中提出了“民族的科学的大众的文化”这一新民主主义文化纲领。

就文化的民族性说来，新民主主义文化一是“反对帝国主义压迫，主张中华民族的尊严和独立的”⑤ 文化。因为自鸦片战争以来直到中华人民共和国成立，救亡图存，实现民族独立就是中国社会的主题，如此，自然也就是中国文化建设与发展的必然之意。新民主主义文化是具有民族特性的文化。

① 张太雷文集：续［M］．南京：江苏人民出版社，1992：32.
② 恽代英文集：上［M］．北京：人民出版社，1984：480.
③ 瞿秋白选集［M］．北京：人民出版社，1985：310.
④ 冯崇义．中国抗日战争时期的中国化思潮［J］．开放时代，1998（02）.
⑤ 毛泽东选集：第二卷［M］．北京：人民出版社，1991：706.

因此，中国文化建设与发展“决不能生吞活剥地毫无批判地吸收”外来文化，“所谓‘全盘西化’的主张，乃是一种错误的观点”①，特别是关于文化的民族特性问题，毛泽东等中共中央领导人是有高度认同和深刻思索的。他们认为，从孔夫子到孙中山，我们应当给以总结，承继这一份珍贵的遗产……马克思主义必须和我国的具体特点相结合并通过一定的民族形式才能实现……使马克思主义在中国具体化，使之在其每一表现中带有必须有的中国的特性……中国作风和中国气派。②

在“马克思主义中国化”和文化“民族性”的影响下，中国共产党人这个时期掀起了“学术中国化”热潮和关于文学艺术“民族形式”的讨论，进而，把文化“民族性”由思想层面推广至学术层面和文艺创作层面，产生了一大批具有“中国气派”的学术著作和人民喜闻乐见的具有“民族形式”的文学艺术作品，促进了更大范围内文化“民族性”意识的觉醒，增强了民族凝聚力，激发了抗日热情。

二、文化民族形式的讨论

就文化形式来说，中国共产党人认为“中国文化应有自己的形式，这就是民族形式”。③《中国文化》上有一系列文章对这一问题展开讨论，极大地丰富了“民族形式”的思想。其中刊载于第 1 卷创刊号上的《对旧形式利用在文学上的一个看法》，第 1 卷第 5 期上的《论如何学习文学的民族形式》，第 2 卷第 1 期上的《旧形式、民间形式与民族形式》《“民族形式”商兑》，第 2 卷第 2 期上的《关于文艺民族形式的争论》，第 2 卷第 6 期上的《文艺民族形式问题上的旧错误与新偏向》等文章在讨论中最有影响。这一场讨论，既是文化大众化讨论的继续，也是抗战新形势下的产物，主要集中在三个方面：

一是传统形式及其作用的讨论。在当年，文化界对于传统形式的作用体

① 毛泽东选集：第二卷［M］．北京：人民出版社，1991：667.
② 毛泽东选集：第二卷［M］．北京：人民出版社，1991：534.
③ 毛泽东选集：第二卷［M］．北京：人民出版社，1991：707.

现在两种对立的观点：一种观点认为五四以来的新兴文艺形式由于无法实现大众化，因而难以承担起“民族形式”的重任，如此，民众所“喜闻乐见”与“习见常闻”的民间文艺就是民族形式的中心源泉①；另一种观点认为民间文艺本质上是用了充满了毒素的封建意识来吸引大众②，新文学利用旧形式，就是“饮鸩止渴”③。中国共产党人对两种观点进行了剖析并进一步澄明，认为没有鲜明的民族特色的东西，在世界上是站不住脚的④，因此，为了实现新文化的民族化和大众化，提高中国文化的影响力，对民族文化的旧形式的广泛借鉴和利用是十分必要的。因为自新文化运动之后，当时国内思想界、文化界为了摆脱封建旧文化（包括旧文学）的因袭重担，普遍存在着忽视民族文化及其传统的偏向，进而简单地把包括优秀民族文学在内的一切优秀文化传统都拒之门外。正如艾思奇先生所言：利用旧形式，在民族文艺的发扬上，在大众的、平民的、文学的创造任务上，是一件非常必要的工作，这是把新文学十几年来的发展中的非中国化的偏向的一个纠正。⑤

周扬也认为，旧的文化传统、旧的文化形式是根深蒂固的和人民年代久远的嗜好和习惯相联结的。最广大最下层的人民群众最习惯于旧的文化形式，经过那旧形式而传播他们以新的文化内容、新的东西，他们是最容易接受的。⑥

当然，利用传统文化形式需要批判的眼光和发展的眼光。传统文化形式虽说为民众所“喜闻乐见”与“习见常闻”，但它并不一定具有先进性。内容决定形式，所以，我国固有文艺形式中的一些“特征”，实在都是封建社会经济的产物，……如果有人认为这些便是“民族的”，于是要在这些上面

① 向林冰．论“民族形式”的中心源泉［A］．徐迺翔．中国文学史资料全编：文学的“民族形式”讨论资料：现代卷［C］．北京：知识产权出版社，2010：157.

② 胡风．论民族形式问题［A］．陈思和．中国现代文论选［C］．上海：上海教育出版社，2010：124.

③ 葛一虹．民族形式的中心源泉是在所谓“民间形式”吗？［N］．新蜀报，1940－04－10.

④ 艾思奇．旧形式运用的基本原则［A］．徐迺翔．中国文学史资料全编：文学的“民族形式”讨论资料：现代卷［C］．北京：知识产权出版社，2010：12.

⑤ 艾思奇．抗战文艺的动向［A］．《延安文艺丛书》编委会．延安文艺丛书：文艺理论卷：一［C］．长沙：湖南人民出版社，1984：404.

⑥ 周扬．对旧形式利用在文学上的一个看法［J］．中国文化，1940（1）.

建立起什么民族形式来，或在这些之中引出民族形式来，那就不免是大笑话了。①

既然传统文化形式不可避免地带有时代所加于它的缺点和限制性，所以对它就不能不采用批判的利用的态度加以改造，而且这改造比新形式的改造、那意义还更不同，因为这是以最后否定旧形式本身为目的。② 再进一步讲，人们运用旧形式，其目的不是要停止于旧形式，而是为要创造新的民族的文艺来。③ 可以说，中国共产党人一致认为新文化可以而且应该利用能够表现新内容的一切中国旧文化的旧形式，但旧形式只有经过相当的改造，才能适当的表现新内容。对于旧形式是批判的利用，这种利用，也是新形式的创造的发端。④

二是新形式及其作用的讨论。新文化运动之后产生的新形式比之旧形式，无论如何是进步的，这是因为形式是由内容决定的，新文艺的内容是民主主义的，最适于表现这种内容的，就不能不是新形式。⑤ 但是，中国共产党人认为当年的新形式并不是完美无缺的，存在两个方面的缺陷：第一，当年的新形式没有能够较好地实现文化大众化。那种长篇的题材、复杂性格心理的描写、琐碎情节的描绘等不容易为无产阶级大众所接受。所以必须用形式短小，内容简单一些的大众化的新形式来填补。⑥ 第二，用意遣词上过于西化，与现实生活总是隔膜着，最大的令人不能满意之处，是应时代要求而生的新文艺未能切实的把握时代精神，反映现实生活。⑦ 这就需要文艺工作者投入大众的当中，亲历大众的生活，学习大众的言语，体验大众的要求，表扬大众的使命。⑧ 所以后来毛泽东在延安文艺座谈会上发表的讲话以及文艺工作者要到基层和群众中去做实际工作临行前陈云向他们作了《关于党的

---

① 茅盾．旧形式、民间形式与民族形式［J］．中国文化，1941（1）．

② 周扬．对旧形式利用在文学上的一个看法［J］．中国文化，1940（1）．

③ 艾思奇．旧形式运用的基本原则［A］．徐迺翔．中国文学史资料全编：文学的“民族形式”讨论资料：现代卷［C］．北京：知识产权出版社，2010：11.

④ 洛甫．抗战以来中华民族的新文化运动与今后任务［J］．中国文化，1940（2）．

⑤ 周扬．对旧形式利用在文学上的一个看法［J］．中国文化，1940（1）．

⑥ 周扬．对旧形式利用在文学上的一个看法［J］．中国文化，1940（1）．

⑦ 郭沫若．“民族形式”商兑［J］．中国文化，1941（1）．

⑧ 郭沫若．“民族形式”商兑［J］．中国文化，1941（1）．

文艺工作者的两个倾向问题》的讲话，就特别倡导和鼓励知识分子走与工农兵相结合的道路，实现工农化。

三是民族形式中心源泉的讨论。1940 年 3 月，时任通俗读物编刊社研究部主任的向林冰在重庆《大公报》副刊上发表了《论“民族形式”的中心源泉》，提出了“民间形式是民族形式的中心源泉”的命题，与之相对的，他认为，五四以来的新兴文艺形式，由于是缺乏口头告白性质的“畸形发展的都市的产物”，是大学教授、银行经理、舞女、政客，以及其他小“布尔”的恰切的形式，所以在创造民族形式的起点上，应置于副次的地位。①

此命题一经提出便遭到“新文学中心源泉论”质疑，他们认为目前所提出来的民族形式，不过是有意识地再到旧文学和民间里去找更多的营养，无疑地只能是新文学向前发展的方向，而不是重新建立新文学，因此它的基础无疑地只能放在新文学上面。② 而中国共产党人及其领导的陕甘宁边区文化界救亡协会，认为现实生活才是民族形式中心源泉。如周扬认为，文艺新形式的建立：主要还是依靠于对自己民族现在生活的各方面的缜密细致的研究，对人民的语言、风习、信仰、趣味等的深刻了解，而尤其是对目前民族抗日战争的实际生活的艰苦的实践。离开了现实主义的方针，一切关于形式的论辩，都将会成为烦琐主义与空谈。③

这种以现实生活为中心民族形式，虽说难以断定其具体形式，但我们可以预想到一定是多样的形式，自由的形式、人类的精神是更加解放了，封建时代的那种定型化，我们相信是不会有的。④

三、建设新民主主义文化

抗日战争全面爆发后，中共中央根据当时延安理论工作和文化建设工作

① 向林冰．论“民族形式”的中心源泉［A］．徐迺翔．中国文学史资料全编：文学的“民族形式”讨论资料：现代卷［C］．北京：知识产权出版社，2010：158.

② 何其芳．论文学上的民族形式［J］．中国文化，1941（3）．

③ 周扬．对旧形式利用在文学上的一个看法［J］．中国文化，1940（1）．

④ 郭沫若．“民族形式”商兑［J］．中国文化，1941（1）．

的需要，从全国各地抽调了一批优秀的学者和文艺家到延安工作。当这些学者和文艺家抵达延安后迅速发起并成立了“陕甘宁边区文化界救亡协会”。协会的工作从筹备起就得到中共中央的高度重视，成立当天，张闻天到会讲话。而“协会是边区文化抗战的总的领导机关”，因此，其宗旨是：负有团结全边区文化界，努力提高边区文化，并与全国文化界联合，共同为创造中华民族新文化，在文化战线上进行抗战建国的斗争的责任。①

所以在成立大会上，协会号召文化界要为抗日战争服务，文艺要大众化。在协会运行两年后，为把边区文化事业的发展推向高潮，中共中央政治局会议听取了艾思奇关于准备边区文化界救亡协会第一次代表大会的汇报。在这次会议上，毛泽东指出，新文化用下面四大口号为好：民族化（包括旧形式）、民主化（包括统一战线）、科学化（包括各种科学）、大众化（鲁迅提出的口号，我们需要的）。②

毛泽东这一指示既是对文化界提出了非常重要的指导性意见，又是规定了陕甘宁边区新文化建设与发展的基本性质，更是确定了新民主主义文化的基本纲领。也正是基于这一指示精神，陕甘宁边区文化协会把建设“无产阶级领导的人民大众的反帝反封建的文化”作为《中国文化》办刊的指导方针，并且把毛泽东在1941年1月9日的演讲于1月15日经过修改补充的完稿——《新民主主义的政治与新民主主义的文化》刊载于创刊号首篇。在一定程度上说来，这篇文章的发表，就是《中国文化》的发刊词，对新民主主义时期的文化建设起着总括提纲的作用。也正是这样，《中国文化》所刊载的文章无不响应了和丰富了新民主主义文化论。这些文章都能反映出在中西文化论争的具体环境下，中国共产党人对中国文化前途的深邃思考。

中国的思想文化发展，呈现出相互对立争锋的两支潮流：一支是文化复古思潮，另一支是全盘西化思潮。在这两股思潮的涌动下，文化论争不断发生，如中体西用与西体中用之争、科学与玄学之争、文言与白话之争……特别是代表国民党官方意识形态的本位文化与代表自由主义知识分子的全盘西

① 艾思奇．抗战中的陕甘宁边区文化运动［J］．中国文化，1940（2）．

② 逄先知．毛泽东年谱：中卷［M］．北京：人民出版社、中央文献出版社，1993：149.

化之间的论战，涉及近代中西文化关系问题的许多重要方面。新民主主义文化是在对“复古”与“西化”两种思潮的批评中发展起来的，它通过对错误的文化观的批判，对中西文化的根本问题作了回应，确立了中国共产党人对中国文化的根本主张。

张闻天（洛甫）所作的报告《抗战以来中华民族的新文化运动及其今后任务》，从“民族”“民主”“科学”“大众”四个维度对新民主主义文化的内容和性质作了进一步的阐述。后来毛泽东将“民主”维度与“大众”维度合并在一起来阐述，用“民族的科学的大众的文化”来概括新民主主义文化。这一指导方针，在《中国文化》其后所发表的各篇文章中，包括40余篇具体文化领域的研究文章、8篇马列主义理论的译文和介绍文、18篇文学创作以及艾思奇先生的系列哲学讲座，都有充分的论述。

在“民族”维度上，这一时期的中国共产党人越来越确信：“全盘西化”和“文化保守主义”都不能满足中华民族新文化的发展需求，对中国传统文化有了新的审视与思考，即认为任何一个民族的文化都是先进与落后并存、精华与糟粕共生，区分其糟粕与精华必须符合社会历史发展规律和文化建设规律，不能局限在某种立场上。如果把特定的社会限定的特殊形式等同于文化的一般性历史内容，那么，拒斥一种文化也就可能拒绝一种文明，保护一种文化也就可能迁就了落后。

在“科学”维度上，这一时期的中国共产党人运用唯物史观的立场和方法，准确揭示出中国革命的新民主主义性质，把新文化的建设与发展同新民主主义革命的任务、目标——“无产阶级领导下的人民大众的反帝反封建的革命”① 有机结合起来，开辟出中国文化建设与发展的全新路向，既不走复归传统文化的老路，也不走全盘西化的邪路，而是在“实践、认识、再实践、再认识”的过程中，走新民主主义文化建设与发展道路。

在“大众”维度上，这一时期的中国共产党人正确处理了普及与提高的辩证关系。随着文化工作的普及而一些优秀文化作品也得到了普及，广大民

① 中共中央文献研究室，中央档案馆．建党以来重要文献选编（1921－1949）：第十六册［G］．北京：中央文献出版社，2011：835.

众的文化修养也比以前有所提升。这种提高，为普及所决定，同时又给普及以指导。① 这一时期的文化提高工作历经了长期的发展，才逐渐推广到广大民众的生活中的。正是因为这样，中国共产党领导人认为文化的普及和提高不是相互妨碍的，而是相互影响的，文化工作的普及是更大范围的更为广阔的工作所必备的必要条件。

新民主主义文化论者，是五四以来中国文化的真正继承者。他们高度赞扬反对封建思想的五四新文化运动，这一立场显示了新民主主义文化直接继承了五四新文化运动的积极成果，对新形势下的文化复古思潮进行了批判，指出这种旧文化的复古主张是与国民党专制统治相配合的，这种文化对外是买办主义的，对内是封建主义的、反科学的、反大众的。同样，他们也批判了全盘西化的思想，指出一切外国的东西，如同我们对于食物一样，必须经过自己的口腔咀嚼和胃肠运动，送进唾液胃液肠液，把它分解为精华和糟粕两部分，然后排泄其糟粕，吸收其精华，才能对我们的身体有益，决不能生吞活剥地毫无批判地吸收。所谓“全盘西化”的主张，乃是一种错误的观点。②

对于近代中国文化如何走向现代化，成为具有时代性的先进文化，新民主主义文化论者认为必须充分吸取世界各民族文化的现代性因素，并解放中国文化本身的合理成分，以此建设具有中华民族特性的现代文化。在此过程中必然要对中华传统文化进行改造和建设，对此，他们认为必须以世界发展趋势和本国基本国情为凭依，与具体的经济社会发展实际和文化建设实践相结合。由此可见，将马克思主义普遍原理与中国文化建设实际相结合而形成的新民主主义文化，是对近代中国文化出路的正确选择，具有科学性、革命性。

经延安时期的培育，新民主主义文化逐渐成为中国的文化主流。中国共产党在此时段就新民主主义文化的重要地位、指导思想、方针原则、人才队伍、领导力量等多个内容进行了论述，形成了新民主主义文化理论。为推进

① 毛泽东选集：第三卷［M］. 北京：人民出版社，1991：862.

② 毛泽东选集：第二卷［M］. 北京：人民出版社，1991：707.

新民主主义文化建设，中国共产党和边区政府建立起较为完整的文化建设思想体系和行政网络，实现了有效的文化治理；各抗日根据地结合中央精神和地方实际，或制定了施政纲领，或颁布文化决议案，或出台了国民教育实施方案，教育事业、文艺事业、文化社团、社会文化、出版印刷等呈蓬勃发展之势。随着新民主主义革命的伟大胜利，新民主主义文化也成为新中国文化建设的指导思想，从而为中国文化的向前发展彻底开辟了崭新的道路。

第四章　保守的而非保守主义的：文化自省的详尽反思

——以《为中国文化敬告世界人士宣言》为考察中心

自近代以来，尤其是五四新文化运动以后，在中西文化交流交锋中，中国传统文化处于“低势位”、西方文化居于“高势位”的境地，导致蔑视中国传统文化、而盲从西方文化的社会心理普遍存在。特别是在当时中国知识分子中出现了“自我去中国化”的倾向或趋势——以削足适履方式评估中国文化这双脚是否符合西方社会提供的那双鞋。而在中华人民共和国成立之后，以马克思主义作为指导思想，马克思主义取得了话语权。此时，新儒家对于这场亘古未见、得未曾有的文化大变局，他们是躬逢其境的，其感受可谓是云垂海立、刻骨铭心！同时，他们又耳闻目览了海内外研究者们对中国文化的郢书燕说，或是小儿强解事，对此深感忧虑和不安。如此，在继续推进本位文化建设的过程中，逐渐从苦闷呐喊转向详尽反省、从自发跟进转向自觉探索。

上承于《中国本位的文化建设宣言》——走出文化自卑之阴影、勇于面对他者之挑战，1958 年发表的《为中国文化敬告世界人士宣言》把中国文化放置在世界文明体系的宏大叙事背景中，表达中国文化以及中国人生命安顿与精神寄托的世界性。其目的是要关照中国文化、展望世界文化。这一目的的依据是：如果中国文化不被了解，中国文化没有将来，则这四分之一的人类之生命与精神，将得不到正当的寄托和安顿；此不仅将招来全人类在现实上的共同祸害，而且全人类之共同良心的负担将永远无法解除。①

如此可以看到，把文化与“中国人生命安顿与精神寄托”“世界文化的期望”紧密关联起来，显然是要东方与西方“应当真正以眼光平等互视对方……共同担负人类的艰难，苦病，缺点，同过失”，然后开出人类的新路来。这就有了文化自省的意蕴。当然，对其进行解读不宜局限于纯政治功能。

第一节　求精神之安顿

唐君毅、牟宗三等人曾经有过非常无奈而凄凉的陈述，我们相信，真正的智慧是生于忧患。因为只有忧患，可以把我们之精神，从一种定型的生活中解放出来，以产生一超越而涵盖的胸襟，去看问题的表面与里面、来路与去路。②

《为中国文化敬告世界人士宣言》正是他们在“四顾苍茫，一无凭籍的心境情调下，抚今追昔，从根本上反复用心”③ 的结果。需要说明的是，尽管他们对于马克思主义与中国传统文化之关系的认识是狭隘的，但心境却是真实的。他们的努力就是要为中国人的文化精神找寻一个栖息之处、为中国人的文化心灵索求一个安顿之所，这全人类四分之一的人口之生命与精神，何处寄托，如何安顿，实际上早已为全人类的共同良心所关切。④

一、纠西人之偏见

按照唐君毅先生在“编者案”中的解释，发表《为中国文化敬告世界人士宣言》的目的之一是为纠西人之偏见，因为西方人士对中国学术之研究

① 封祖盛．当代新儒家［M］．北京：生活·读书·新知三联书店，1989：3.
② 封祖盛．当代新儒家［M］．北京：生活·读书·新知三联书店，1989：2.
③ 封祖盛．当代新儒家［M］．北京：生活·读书·新知三联书店，1989：2.
④ 封祖盛．当代新儒家［M］．北京：生活·读书·新知三联书店，1989：3.

方式，及对中国文化与政治前途之根本认识，多有未能切当之处。① 此文既是《为中国文化敬告世界人士宣言》，则其初意当是对全世界，尤其是西方人士所言。为什么西人对中国文化有偏见呢？因为世界人士之了解中国与其学术文化，亦有因其出发之动机不同，而限于片面的观点，此观点便阻碍其作更多方面的更深入的认识。② 如传教士们以传教为动机，故而对那些“言及上帝”的典籍内容或是“尊天敬神”的观念非常注重；再如汉学家们的兴趣点在于中国文物和古迹；而那些史学家们出于现实政治考量，故而采取了“由今溯古，由流溯源，由果推因”的研究方法，陷入了“个人一时一地之偏见”③。总之，传教士们、汉学家们以及近代史学家们都忘了这中间有血，有汗，有泪，有笑，有一贯的理想与精神在贯注”，不承认“中国文化之活的精神生命之存在。④

事实上，形成于秦汉时期的海上“丝绸之路”和陆上“丝绸之路”就将当时中国的先进文化、精美器物带到了中亚、欧洲等地，彰显了古老中华民族的璀璨文明。到唐、宋、元、明时期，更是吸引了诸多国家地区的使臣、商贾、传教士、学者等到中华大地，并通过他们使西方人认识了辉煌灿烂的中华文明和“物产丰饶”的泱泱中华。特别是西班牙传教士胡安·冈萨雷斯·德·门多萨撰写《中华大帝国史》，这是有关中国自然环境、历史、文化、风俗、礼仪、宗教信仰以及政治、经济等情况最全面、最详尽的一部百科全书。该书构成西方人心目中中国形象的材料来源。当然，对于传教士而言，传授中国文化只“是在为传播福音做准备”⑤ 而已，旨在“借译宣教”。尽管他们没有能够在中华大地上很好地传播基督教义，但是“他们非常成功地将中国诠释给了西方社会”⑥，且中国留给西方的形象完全是一个诱人的乌托邦。

---

① 封祖盛．当代新儒家［M］．北京：生活·读书·新知三联书店，1989：1.

② 封祖盛．当代新儒家［M］．北京：生活·读书·新知三联书店，1989：4.

③ 封祖盛．当代新儒家［M］．北京：生活·读书·新知三联书店，1989：3－6.

④ 封祖盛．当代新儒家［M］．北京：生活·读书·新知三联书店，1989：7－9.

⑤ Spence，Jonathan. Chinese Round about［M］. NewYork：Norton，1992：139.

⑥ J. J. Clark. Oriental Enlightenment——the Encounter between Asianand Western Thought［M］. London and NewYork Press，1997：40.

资本主义生产从工场手工业向机器大工业过渡，以机器取代人力，以大规模工厂化生产取代个体工场手工生产，在此进程中，欧洲力量充分展现出来，欧洲人的自信心和文化优越感也不断加强，进而对于中国文化的尊崇感也就迅速减弱。虽说在欧洲出现了“中国热”和“中国化”的思潮，使有关中国的知识已成为文化界的常识。可以说，十八世纪任何一名受教育的士人对中国文化的认识，会远胜于今日一名受过一般教育的知识分子。① 但此时，那些曾盛行一时的东方经典和东方文明却被认为是守旧的、与进化论自然法则相违背的。西方的“中国热”退潮了。与此同时，将中国妖魔化为与世界文明格格不入且危害极大的“黄祸”，逐渐成为当时西方对中国人的一个基本叙事判断。②

当欧洲在世界范围内确立了自己的经济优势与政治权威之后，在“欧洲中心主义”这种偏狭的自大心态支配下，那些汉学家、史学家、哲学家构建出很多关于中国的错误概念，得出了种种贬低中国文化的谬见。如黑格尔认为：“中国人缺乏完整的原则”，道德和法律不分，造成“道德也就是统治者，它既存在于道德的状态中，也存在于国家的状态中”之结果，使得国家几千年来都没有发展变化。③ 黑格尔的观点对西方社会的影响很大。很多西方人认为中国除了数千年的文明之外，在文学上少有建树，甚至连教会曾经争先翻译的儒家经典也不例外——虽然欧洲人曾认为这些作品对他们燃起人类进步的希望有着巨大的吸引力，曾给予他们极大的鼓舞。④ 曾任香港总督和英国驻华贸易总督的约翰·弗朗西斯·大卫就认为中华文明处在童年时期，“这种（中国）文学是幼稚的，极少反映社会的基本状态和智慧的源头”。⑤ 这种观点还在阿瑟·韦利的《170 首中国诗歌》一书的序言中也可以看到：“中国没有伟大的史诗和戏剧文学，虽然有小说，也有其优点，但并

---

① ［美］埃德蒙·莱特斯：哲学家统治者［J］. 中国哲学史研究. 1989（1）.

② 周宁. 天朝遥远——西方的中国形象研究：上［M］. 北京：北京大学出版社，2006：354.

③ 德黑格尔. 历史哲学［M］. 王造时，译. 上海：上海书店出版社，2001：108－109.

④ Kern Robert. Orientalism, Modernism and the American Poem［M］. London: Cambridge University Press, 1996: 160.

⑤ Dawson, Raymond. The Chinese Chameleon——an Analysis of European Conceptions of Chinese Civilization［M］. London: Oxford University Press, 1967: 57.

不能使其作者成为大家。”① 于是，在中国沦为半殖民地半封建社会之后，那种依傍经济实力与军事实力的文化霸权主义便大行其道，带着所谓“开创世界历史使命”，开始“开化”那个被视为“黄祸”的中国，在中华大地上传播所谓的“进步文化”，以往那种以介绍东方文化为主要的“东学西传”很快就变成了以“开化”“解放”那片“野蛮”东方的“西学东渐”。

二、立国人之自信

依据《为中国文化敬告世界人士宣言》的时代背景与文本内容，我们能够看到新儒家对传统文化在反省中产生的自信，即特别强调这中间有血、有汗、有泪、有笑，有一贯的理想与精神之贯注②。我们说它是自信的，这是因为这份宣言书全文的重点或者说本意就在于开掘中国传统文化，对世界文化的展望仅仅是附带的。在此宣言中，我们所要说的，是我们对中国文化之过去与现在之基本认识及对其前途之展望。与今日中国及世界人士研究中国学术文化及中国问题应取的方向，并附及我们对世界文化的期望……因为我们真切相信：中国文化问题，有其世界的重要性。③

其实，唐君毅先生在“编者案”中说明发表《为中国文化敬告世界人士宣言》的目的之二就是为重建国人之自信，因为吾中国人之反求诸己，对其文化前途，先有一自信。④《为中国文化敬告世界人士宣言》发表后，在西方学界、政界杳无影响，却在华人社会引起了广泛关注，对其讨论的深度和广度都可能远超作者们的预想。那些把《为中国文化敬告世界人士宣言》解读为文化保守主义思潮典型文本的学者⑤，多半是疏漏了该篇宣言的发表

---

① Waley Arthur. A Hundred and Seventy Chinese Poems ［M］. London：Constable and Company LTD.，1918：3.

② 封祖盛. 当代新儒家［M］. 北京：生活·读书·新知三联书店，1989：7.

③ 封祖盛. 当代新儒家［M］. 北京：生活·读书·新知三联书店，1989：3.

④ 封祖盛. 当代新儒家［M］. 北京：生活·读书·新知三联书店，1989：1.

⑤ 具体可参见俞祖华，赵慧峰. 三份宣言：文化保守主义思潮的典型文本［J］. 东岳论丛，2009（01）. 陈少明. 文化保守主义的宣言——评现代新儒家的一个思想纲领［J］. 广东社会科学，1990（02）.

目的和主张本质，从而致使解读中缺失了它的本来意义。《为中国文化敬告世界人士宣言》发表的目的，不仅主张要眷注文化理论问题，更是要眷注民族文化的建设与发展。如此，我们在解读其文化主张时，不但要服从目的表达，而且要限制对其他意义的延伸阅读。

《为中国文化敬告世界人士宣言》是现代新儒家最为基本的文化主张，他们希冀表达"真理"，凝聚"共识"，展望"未来"。这种希冀充分体现在标题上，即从中国文化与世界的关系上来谋求中国文化在世界中的应有地位，因此他们在阐述具体内容时，是把中国文化放置在世界背景中加以叙事的，以此实现对中国文化之关照、对世界文化之展望。正如作者们在"前言"中指出，我们所要说的，是我们对中国文化之过去与现在之基本认识及对其前途之展望，与今日中国及世界人士研究中国学术文化及中国问题应取的方向，并附及我们对世界文化的期望。①

作者们为什么要这样主张呢？这是因为：如果中国文化不被了解，中国文化没有将来，则这四分之一的人类之生命与精神，将得不到正当的寄托和安顿；此不仅将招来全人类在现实上的共同祸害，而且全人类之共同良心的负担将永远无法解除。②

这就是说，向西人和国人表达出中国文化的世界性以及安顿中国人生命、寄托中国人精神的世界意义，是他们发表的缘由、目的与初心。作者们为什么会说中国文化具有世界性以及安顿中国人生命、寄托中国人精神会具有世界意义呢？尽管"前言"中用人口数量来说明问题的重要性，更为主要的原因有二：一是中国文化（主要是指心性之学）具有"内在超越性"而包含了人性成长的"各种可能性"，特别是能够实现天人合德；二是西方文化也"有种种之诤之冲突与种种之问题"而不能独自领导人类文化之发展，而中国文化当中的某些独有价值恰恰可以"矫治"西方科学、民主以及社会发展中存在的某些弊病。于前者，说明这是西方文化无法比拟的，"西方哲学始终无法解决上下层宇宙对立的问题"③，即致使价值理想"超绝"而非

① 封祖盛．当代新儒家［M］．北京：生活·读书·新知三联书店，1989：2.

② 封祖盛．当代新儒家［M］．北京：生活·读书·新知三联书店，1989：3.

③ 方东美．中国大乘佛学［M］．台北：黎明文化事业公司，1984：314.

“超越”物质世界，结果致使人们总是神往天国而蔑视尘世；于后者，说明中国文化具有了“普遍性的内在指向”①，可以由特殊转化为一般，更是说明作者们更加注重中国文化“解答方式和解答经验中的世界意义和普遍价值”。②

因此，从发表的目的来评判，《为中国文化敬告世界人士宣言》应该是保守的而非保守主义的。尽管保守和保守主义都有站在当下立场来展开观察与反省历史的意思，但保守是相对失守而言的，它是一种做法，符合逻辑地保持某种东西；而保守主义却是相对激进主义、自由主义而言的，它是一种信条，立足本位而拒斥某种东西。《为中国文化敬告世界人士宣言》的作者们既不排斥西方文化，并肯定其是符合社会发展趋势的，而且担负起重建文化自信的使命。因为在近代中国，自卑于自己的民族文化是当时中国人普遍的文化心理③，如此，新儒家从其产生开始，就肩负着使人不失去文化自信的初衷，不论是梁漱溟的“三路向”，还是钱穆的“为故国招魂”，抑或唐君毅的“人文精神之重建”、牟宗三的“三统并建”、徐复观和张君劢的“文化救世”，等等，都体现此使命。

单就《为中国文化敬告世界人士宣言》说来，一是注意探寻文化源头与明辨传承脉络，认为“中国文化在本原上是一个文化体系”（即中国文化具有一本性），且“有一脉相承之统绪”④（即中国文化是道统相传的）；二是重视文化之活的精神生命，认为“中国文化只是生病而非死亡”，仍是“活的生命之存在”⑤。正因为中国文化是活的精神生命，现代新儒家特别重视分析其发展历程，如有研究中国文化整体发展的《中国哲学史新编》，有研究儒家思想整体发展的《心体与性体》《从陆象山到刘蕺山》《新儒家思想史》《论儒家哲学的三个大时代》，也有研究专题思想史和断代思想史的

① 周忠华．价值观自信：自信中国的价值支撑［M］．成都：西南交通大学出版社，2019：174.

② 周忠华．论社会主义核心价值观自信［J］．吉首大学学报（社会科学版），2015（03）．

③ 封海清．从文化自卑到文化自觉——20 世纪 20－30 年代中国文化走向的转变［J］．云南社会科学，2006（05）．

④ 封祖盛．当代新儒家［M］．北京：生活·读书·新知三联书店，1989：10－11.

⑤ 封祖盛．当代新儒家［M］．北京：生活·读书·新知三联书店，1989：7.

《原始儒家道家哲学》《才性与玄理》《佛性与般若》《中国人性论史·先秦篇》《中国哲学原论》等；三是积极揭示文化特质，认为中国文化既具有内在超越性——“能使天人交贯”①，又突出心性修养——“为中国学术思想之核心”②，使其以其鲜明的民族特色挺立于世界文化之林；四是从文化发展与科学、文化发展与政治、文化发展与民族、文化发展与个人、中国文化对世界的贡献等角度思考中国文化的未来发展方向，这是一种建构型的文化自信。

三、保文化之生力

在《为中国文化敬告世界人士宣言》作者看来，要立国人之自信和纠西人之偏见，必须要揭示中国文化之最有价值的核心。这毫无疑问是正确的。文化自信必须是建立在对自我文化价值的认识上，有此认识才能有真正的自信。西人对中国文化的偏见，也需要通过展示中国文化当中真正有价值的内容来予以纠正。因此，立国人之自信和纠西人之偏见要看其根本与关键处，如此，抽象地讨论“存其当存、取其当取”是毫无意义的，空谈“取其精华，去其糟粕”也往往是无济于事的，相反，作者们要追问文化生命力之强弱。因为在他们看来，文化生命力强，则说明精华多于糟粕，也说明文化发展与建设的根本与关键处更符合当时的社会存在；文化生命力弱，则意味着糟粕多于精华，也就意味着文化发展与建设的根本与关键处不完全符合甚至是不符合当时的社会存在。在五四新文化运动后的东西文化之争中，文化保守主义一方和文化激进主义一方针锋相对，这使得他们局限于各自的立场，无法辩证地、全面地认识中国文化。而《为中国文化敬告世界人士宣言》作为这场争论的“余话”，显然已经跳脱了立场的限制，作者们对中国文化优劣有了深刻而辩证的反思。

首先，作者们强调中国文化依然具有生命力。理由有二：一是无数代人

---

① 封祖盛．当代新儒家［M］．北京：生活·读书·新知三联书店，1989：16.

② 封祖盛．当代新儒家［M］．北京：生活·读书·新知三联书店，1989：17.

的生命心血、理想、精神贯注于历史文化发展进程中；二是依然有人，如作者们一直在为历史文化发展倾注生命力。第一条理由是不成立的，因为历史已经证明，任何一种民族文化的产生、发展都有参与者的生命力贯注其中，但有诸多文明却在历史进程中消失了。第二条理由是有一定合理性的，即只要文化的承载主体依然存在，即便是政治体制和主流意识形态发生了转变，文化基因仍会在主体的文化生活中经由各种方式而遗传下来；文化基因不变异、不消失，这种文化就会“活下去”。我们积极推动中华优秀传统文化创造性转化和创新性发展，也就是在为历史文化发展倾注生命力。也正因为在研究、在传承，如实施中华优秀传统文化传承发展工程，所以，中华优秀传统文化是活的。

其次，作者们认为中国文化生命力之核心存在于中国之思想或哲学之中，而这一思想或哲学确立了中国文化的“一本性”。也就是说，中国文化较之西方文化在其历史发展进程中，即便有其他民族文化传入也没有改变其基本精神。中国文化的“一本性”，就是“道统”。尽管这一范畴连同“政统”“学统”曾被认定为帝制合法性的证明，而被五四新文化运动所批判，但它始终是中国文化连续性的支撑点。因为在作者们看来，“中国文化，在本原上，是一个体系”，且“有一脉相承之统绪”。① 那是什么东西使文化得以绵延至今呢？作者们认为是义理之学、心性之学，它能使天人交贯，打通了人的生活之内与外、上与下、己与他、我与天，使此岸世界和彼岸世界相统一而非隔绝。如此，与其说中国民族文化历史之所以能长久，是其他外在原因的自然结果，不如说这是因中国学术思想中，原有种种自觉的人生观念，以使此民族文化之生命，能绵延于长久而不坠。②

再次，作者们肯定中国文化具有客观精神价值和优点。其一，在作者们看来，一种文化系统可以让其自身不断发展，必然有其使自身不断出场之理由，中国文化有数千年一以贯之的历史，这足以证明其有一直在场的精神价值。其二，就中国文化本身说来，依天人交贯，通内与外以成人格、通上与

① 封祖盛．当代新儒家［M］．北京：生活·读书·新知三联书店，1989：10 – 11.

② 封祖盛．当代新儒家［M］．北京：生活·读书·新知三联书店，1989：22 – 23.

下以显人文、通己与他以正人伦，实现了内在超越，这一点上，中国文化精神有其至高无上的价值。其三，中国文化所具有的“当下即是”之精神与“一切放下”之襟抱既可以克服西方文化因过于强调知进而不知退而造成的人生危境，若被西方文化所吸纳，又能够增强其安全感。[①] 其四，中国文化的认识范式是“圆而神”。西方文化的认识范式是“方以智”，即纵“直”（或称深刻性）上的不断深入，横“直”（或称广泛性）上的不断外延，有方向、有边界、有转折。但事物是复杂的，要想尽可能地反映出事物的全部特征和个性，就需要以“圆而神”的智慧来把握个性所寓的共性以及共性所制的个性。西方人必须具有“圆而神”的智慧方可能与其他文明相感通。其五，中国文化具有恻怛悲悯之情愫。此情愫是一种不夹杂任何“对人加以占有之念”的爱。其六，中国文化还具有天下一家之情怀。强调人在作为个体性存在物的同时，也是群体性存在物（如一国之公民），更是类性存在物，我们是“人类”，故而“喜言天下与天下国家”。[②]

最后，作者们也认为中国文化存在缺陷，需要改造，否则难以持续保有生命力。《为中国文化敬告世界人士宣言》对当时的中国文化做了基本诊断，中国文化正在生病，病致生出许多奇形怪状之赘疣，以致失去原形。[③] 这个病是什么呢？作者们认为中国文化既有理想不足，又存现实缺点。但理想不足与现实缺点是反照出来的，即“在理想伸展为更高更大之理想时”反照出理想不足来，“在实现理想时，受了限制，阻碍及其他牵挂”后反照出现实缺点来。[④] 而这面“照镜”正是西方文化中的民主、科学以及实用技术。这也就是说，西方文化中的民主、科学以及实用技术正是中国文化这把“未撑开的伞”所需要安装的“十字架”。若有了这一“十字架”，那把曾被风雨所洗礼的“未撑开的伞”将被撑开成一把可以遮风挡雨的巨伞。如此，作者们在具体之处，反思了中国传统政治文化中的利害。首要批判了君主专制的主权在君原则，正是人治之不可控，导致中国的政治历史长期显现出一治一

① 封祖盛．当代新儒家［M］．北京：生活·读书·新知三联书店，1989：41.
② 封祖盛．当代新儒家［M］．北京：生活·读书·新知三联书店，1989：48.
③ 封祖盛．当代新儒家［M］．北京：生活·读书·新知三联书店，1989：7.
④ 封祖盛．当代新儒家［M］．北京：生活·读书·新知三联书店，1989：26.

乱的循环局面。他们主张将儒家过去所言的“天下为公”“人格平等”之思想发展为民主建国思想，建立起民主制度、把权力锁进制度的笼子，使个体享有平等权利，以实现民主建国；主张将君主德治天下，改造为“德化天下”，发挥个人的主体性，使个体自觉为“道德实践的主体”“政治的主体”“认识的主体”“实用技术的活动之主体”，从而召唤出主体的行动力量。

第二节　缔造中国文化之精神

从标题来看，作者们是为中国文化寻求世界地位；在具体内容上，作者们把文化放置在“世界”的宏大叙事背景中，以此关照中国文化、展望世界文化。如此，以“文化”的样式表达中国文化以及中国人生命安顿的世界性是他们的最终目的，其核心是文化精神的缔造。

一、自觉和更新

对于一个民族说来，是否需要保持文化的民族主体性，人们的认识大致是两类：一类认为文化与民族、国家的关系不那么紧密。如鲁迅就认为一个国家的存亡同这个国家文化传统的存废无直接相关①；张佛泉也举证罗马人接受希腊文化、中国接受印度文化、日本先是接受中国文化后又接受西方文化来说明接受别国文化未必会丧失自己的文化个性②；陈序经以“文化是由人类所创造”为依据，认为文化亡，民族未必随之亡③；更有甚者认为“文化侵略是可以欢迎的”。④ 另一类认为保持文化的民族主体性非常有必要，如果用外来文化置换民族文化，必将丢掉自己的文化特色，也会丧失文化的

---

① 鲁迅全集：第七卷［M］. 北京：人民文学出版，1981：253.

② 张佛泉. 西化问题之批判［A］. 马芳若. 中国文化建设讨论集：中［C］. 上海：经纬书局，1935：15－22.

③ 陈序经. 中国文化之出路［J］. 文化月刊，1934（7）.

④ 梁实秋. 自信力与夸大狂［A］. 马芳若. 中国文化建设讨论集：中［C］. 上海：经纬书局，1935：259.

民族主体性，如此一来，国将不国。新儒家便持这类主张，认为要重建文化自信，首要任务就是确立中国文化的主体性，强调以民族文化为本位、为主体来华化外来文化。

一般说来，文化的民族主体性是指文化主体在对本民族文化全面而客观认识基础上保障其独立发展，并使其成为主导性意识形态的主动精神，它有四重意蕴：一是指民族文化的独立性，因为民族是该民族文化的主体，民族文化始终服务于本民族的生存独立与持续发展，如此，保持文化的民族主体性便意味着不屈服于外来文化的侵略和奴化；二是指文化主体的自觉性，即文化主体对本民族文化的历史、现状和未来有一个客观而全面的认识；三是指民族文化的主导性，即以不变的精神为最高指导原则；四是文化发展的主动性，即文化主体改造世界的主动精神。在这四重意蕴中，民族文化的自觉性和主动性是基础，也是区分“保守的”和“保守主义的”重要体现，因为自觉性和主动性意味着承继传统而创新的立场。但总的说来，保持文化的民族主体性，基本上是围绕独立性和主导性这两个基本维度而展开的。

如此，在对待文化的民族主体性问题方面，新儒家首先是反对全盘西化的，这与马克思主义无原则性分歧。① 比如梁漱溟针对当时中国境遇，认为对于自己的生活要自己做主。因为要自谋的缘故，所以对于政治采用某种，文化采用某种还要自决。②

又如贺麟指出，如果中华民族不能以儒家思想或民族精神为主体去儒化或华化西洋文化，则中国将失掉文化上的自主权，而陷于文化上的殖民地。③

故而主张：自主的文化，文化的自主，也就是要求收复文化上的失地，争取文化上的独立与自主。④

再如张君劢主张：吾国今后新文化之方针，当由我自决，由我民族精神上自行提出要求。若谓西洋人如何，我便如何，此乃傀儡登场，此为沐猴而

① 方克立．现代新儒学与中国现代化［M］．天津：天津人民出版社，1997：48.

② 梁漱溟．东西文化及其哲学［M］．北京：商务印书馆，1999：15.

③ 贺麟．文化与人生［M］．北京：商务印书馆，1996：6.

④ 贺麟．文化与人生［M］．北京：商务印书馆，1996：7.

冠，此无所谓文，更无所谓化。①

而《为中国文化敬告世界人士宣言》承继这一思想，充分肯定中国文化之活的生命，强调以中国文化为开创新文化的主体。作者们在文中就是要表达他们对中国文化之过去与现在之基本认识及其对前途之展望，与今日中国及世界人士研究中国学术文化及中国问题应取的方向②，而对世界文化的期望，仅仅是“附及”而已。他们鲜明旗帜地表明了其中国文化立场。

事实上，全盘西化并非是字面意义上的“百分之百”西化，在其现实性上，是文化的根本和关键之处的西化。什么东西才称得上文化之根本和关键之处呢？主张“充分世界化”的胡适认为，只有涉及文化发展“大方向”的东西方可算是文化之根本和关键之处，他曾说：我们理想中的“充分世界化”，是用理智来认清我们的大方向，用理智来教人信仰我们认清的大方向，用全力来战胜一切守旧恋古的情感，用全力来领导全国朝着那几个大方向走，——如此而已。③

他把涉及文化发展“大方向”的东西概括为“世界文化共同的理想目标”：一是增进人生幸福的科学，二是提高人类生活程度的社会化经济制度，三是解放人类思想、塑造自由独立人格的民主化政治制度。④ 当然，反对全盘西化的人也是在文化的根本和关键之处展开驳斥。故宫的遗物可以充分地证明最顽固的保守派也不拒绝西方文明带来的便利与享受。如此看来，赞同与反对是有选择的。其中焦点在涉及社会现代化变革的关键领域，如社会体制与社会秩序、伦理原则与法律规范等。陈独秀曾说：法律上之平等人权，伦理上之独立人格，学术上之破除迷信、思想自由，此三者为欧美文明进化之根本原因，而皆为尊重国粹国情之袁世凯一世、二世所不许。⑤

因此，早期新儒家也是致力现代性的批判。而作者们基于近代中国的政

① 张君劢．欧洲文化之危机及中国新文化之趋向［A］．罗荣渠．从“西化”到现代化［C］．合肥：黄山书社，2008：52.

② 封祖盛．当代新儒家［M］．北京：生活·读书·新知三联书店，1989：2.

③ 胡适文集：第十一卷［M］．北京：北京大学出版社，1998：608.

④ 胡适文集：第十一卷［M］．北京：北京大学出版社，1998：671.

⑤ 陈独秀文章选编：上［M］．北京：生活·读书·新知三联书店，1984：160.

治变革和失去的文化土壤之时代境况，为找寻“一枝之栖”①，转而证明中国文化与民主、科学之间的协调性。《为中国文化敬告世界人士宣言》说：“我们不能承认中国之文化思想，没有民主思想之种子，其政治发展之内在要求，不倾向于民主制度之建立。亦不能承认中国文化是反科学的，自来即轻视科学实用技术的。”②

与其说这是将儒家的形态“西方化”③，不如看成是保持民族文化主体性的一种策略——把中国文化的生命力寄托于“民主建国”和“科学精神的建立”之上，以中国文化去“沟通”西方文化。④

相对于全盘西化论和本位文化论，《为中国文化敬告世界人士宣言》的超越之处在于，它存有对全盘西化、文化本位两种观点的批判性反思与融合，更进一步，重新审视自身对中华古老文明的态度并调整视角，认为要维持中国文明精神生命的传承，不能全面的抛弃传统。他们以一种新的态度与视角面对现代化的问题，认为“现代化并不是反传统，而是传统的自觉和更新”。⑤ 中国作为一个文化主体，面对现代化，不应该放弃主体性而迷失在浪潮之中，应该解决的是如何“为我”、实现文明的更新和发展进步。就此而言，《为中国文化敬告世界人士宣言》诉诸文化主体的自省和自觉意识，“收拾精神，自作主宰，万物皆备于我”。自觉意识激发出的文化主体的务实性，进而成为文明延续的力量。

二、同情与敬意

在中华传统文化对西方文化挑战的诸多回应中，现代新儒家有别于康有

① 刘述先．当代新儒家对西方哲学的回应［J］．深圳大学学报（人文社会科学版），2012（01）．

② 封祖盛．当代新儒家［M］．北京：生活·读书·新知三联书店，1989：28.

③ 干春松，Misha Tadd. 从1958年的《为中国文化敬告世界人士宣言》看港台新儒家的问题意识［J］．孔学堂，2018（04）．

④ 张君劢．儒学之复兴［A］．吕希晨，陈莹编．精神自由与民族文化——张君劢新儒学论著辑要［C］．北京：中国广播电视出版社，1995：286.

⑤ 刘绪义．现代新儒家对“五四”反传统的反思——以徐复观为例［J］．华中科技大学学报，2006（02）

为的儒学改造运动、熊十力的重光形上智慧、冯友兰的再造儒家，而是强调要以“同情”和“敬意”来研究中国文化。学界多把“同情”和“敬意”作为研究态度来加以对待，但这只是表层意蕴。我们更应该把“同情”和“敬意”视为研究方法，即“同情之理解，敬意之交锋”，这才是深层意蕴。因为在作者们看来，只有他者去同情体验文化的本来面目，方能有真实的了解。但要客观地了解该文化的精神价值，又必先要有尊重其精神价值的敬意，因为此敬意是一导引我们之智慧的光辉，去照察了解其他生命心灵之内部之一引线。①

敬意向前伸展增加一分，智慧的运用，亦随之增加一分，了解亦随之增加一分。敬意之伸展在什么地方停止，则智慧之运用，亦即呆滞不前。②

有了“同情”和“敬意”之研究方法，以文化的价值为中心，以文化的本来面目为依据，便能够对某种文化有真实的了解。传教士在传教之动机下对中国文化的切片处理和将宋明之学与西方哲学理论简单对应的粗暴解读；海外汉学家在文物之好奇下而忽视了中国文化生命和文化精神；那些对中国近代史有兴趣的研究者，却因对现实政治的主观态度又造成了偏颇。正是没有采用“同情”和“敬意”之研究方法，单凭借主观动机“而限于片面的观点”。③ 如此，面对这些内在而言由西方普世主义的文化心态驱动研究，作者们并不是一味提出某一与之对立的“主义”，而是号召世界人士以一种新的动机与态度——同情与敬意——来研究中国文化，即不是采取西方中心、西方价值至上的倨傲姿态来对待中国文化。

“同情之理解，敬意之交锋”又内蕴着平等对话的要求。对话论，其前提是将各文明置于平等地位，进而促进其交流对话与互鉴。如同复调音乐，各种“文明”正如不同的声部，曲调各自独立，却能共奏出和谐乐章。作者们总结了五四以来的中西文化之争，并采取了全新的态度来分析解决中西文化的关系问题，呼吁中西文化平等对话，将中西文化摆在了平等的位置上来进行审视，认为到了现在，东方与西方到了应当真正以眼光平等互视对方的

① 封祖盛. 当代新儒家［M］. 北京：生活·读书·新知三联书店，1989：9.

② 封祖盛. 当代新儒家［M］. 北京：生活·读书·新知三联书店，1989：9.

③ 封祖盛. 当代新儒家［M］. 北京：生活·读书·新知三联书店，1989：4.

时候了。[①] 作者们能提出中西平等对话之倡议，前提在于，此时的中国社会以及学术界经过长期反思、思想争鸣，已经从过去文化自卑的心态中走出，重新确认了中国文化在人类文明中的独特性和重要性。《为中国文化敬告世界人士宣言》在前言中便明确指出“中国文化问题，有其世界的重要性”。[②] 这一文化心理的转换后，使作者们迫切需要回应他们在学术交流中看到的世界对中国之误解。

在世界历史中，文化交往、交流也交锋。当某种文化具有高势能居于高势位时，文化主体的心态一般说来是自信的，甚至有些文化主体是自负的。在鸦片战争之前的很长时间里，中国一直处在文化舞台的中心。文化心理在清朝中后期开始急剧膨胀，清朝开始抱持一种天朝大国的文化心态对其他文明嗤之以鼻。这种扭曲的文化心理在西方文明的强势介入后，最终破灭。西方新兴的工业文明以势不可当的姿态占据了文化舞台的中央，以一种更为强硬的姿态逼迫它所到之处的文化体系作出改变。不论是“天朝大国”心态，还是席卷全球的工业文明，其共同之处是其盛势凌人的姿态。这其中包含一种二元对立的思维，认为文明之间非得一争高下，文化舞台的中央非此即彼。这亦是一种单向度思维，认为文明的冲突是不可避免，且总是强势一方压迫相对弱势的一方。《为中国文化敬告世界人士宣言》字句间流露出平等对话的真诚。一方面，大方承认在希腊的科学哲学精神和希伯来之宗教精神陶冶下的西方文明，在近现代有着璀璨成就。但另一方面，要看到西方文明引起的种种祸端，认为需要对西方文化重新估价，认为权力意志膨胀的西方文明需重新拾起对其他民族文化的尊重并怀抱同情与敬意。通过东西文化相互学异、相互学习，展望世界学术思想之前途。进而，作者们在对西方文化之剖析的基础上，对西方文化提出了展望。

我们也要注意，对话论不可避免的缺陷就是单一身份思维。所谓单一身份思维，根据阿玛蒂亚·森的阐释，就是认为存在着一种支配性的身份归属，这种归属是个人无法选择的同时又唯一的，或者是最重要地决定了人们

① 封祖盛. 当代新儒家［M］. 北京：生活·读书·新知三联书店，1989：52.

② 封祖盛. 当代新儒家［M］. 北京：生活·读书·新知三联书店，1989：3.

的身份。按照单一身份的思维，可以根据文明的维度对人类进行划分，并将人们塞进各种相互排斥的文明的“盒子”中去。随着全球化的进程在世界各个角落深入推进，民族之间的接触、交往频率增多、深度加大，同时也带来了比以往更多的矛盾，而这些矛盾也拉大了某些群体之间的心理距离，其结果是世界在“变小”的同时也“变大”了。

“文化可以是民族的，但却不应该是‘民族主义’的”①，在地域、历史、习俗等影响下形成的文化身份和反思，可能形成文化民族主义，成为文明交往中的限制。文化民族主义的非理性因素将阻断文明之间的平等对话，造成唯我独尊、盲目排外的文化心态和行为，即陷入文明的“盒子”之中。若不注意“单一身份思维”，原本的“平等对话”也可能引向交流的反面。

总体而言，在文化交流、碰撞、融合日益增加的今天，各地区、各民族文化之间平等对话关系已经成为普遍共识。需要尊重文化主体的特殊性，也要避免单一身份思维缺陷带来的局限。各文明需要形成自爱、自识、自强的意识，而非妄自尊大的文明自恋情结，给“文明极端主义”以滋生的土壤。②《为中国文化敬告世界人士宣言》基于自省态度至上的中西文化对话之思想和诉诸理性批判的方式，在今日仍有其借鉴意义。

三、国情与理想

作者们确实强调要保持文化主体性，也视文化的民族性特质为民族精神的根之所在。但不能由此判定他们不注重文化的时代性。他们对于中国文化之发展，对于西方文化之期望，对于世界学术思想之期望，都流露出他们想强调文化的民族性与时代性是相统一的。

文化是人的本质力量的对象化的创造物，千姿百态的自然生境为各民族提供无限多样的生产资料和生活资料，导致了各民族不同的生产方式和生活方式，形成了不同的观念和认识；不同的生产生活方式和思维观念的人们，

① 马庆钰．文化民族主义问题分析［J］．新视野，1998（06）．

② 马平．平等对话：终结“文明极端主义”的历史选择［J］．思想战线，2006（06）．

其行为、风俗习惯、价值观念和相应的社会制度各有所异，因此，文化具有明显的民族性差异。如此，在历次文化论争中，“特别国情”都成为无法回避的问题。无论是保守主义还是激进主义，都在分析“特别国情”，他们之间的分歧很少在“特别国情”的认识上，更多集中在对待“特别国情”的态度上。保守主义认识“特别国情”是为适应之，而激进主义认识“特别国情”是为改革之。面对“特别国情”与“现代理想”的矛盾，作者们不会为了适应“特别国情”而放弃对“现代理想”的追求，让历史的车轮在原地打转，而是科学对待“特别国情”，努力克服障碍而使“现代理想”得以实现。所以《为中国文化敬告世界人士宣言》专门阐述了中国文化理想之不足，特别彰显了中国传统文化缺乏近代民主和科学的不足。

文化还具有时代性差异，它是文化发展的不平衡性产生的处于不同发展水平上的差异，它体现着文化是否具有先进性，是否反映时代精神，即发展程度的差异。判定某种文化是否具有先进性，是否反映时代精神的标准是生产力标准。文化“是什么样的，这同他们的生产是一致的——既和他们生产什么一致，又和他们怎么生产一致”①，难以置信，一种落后的文化能孕育出先进的生产力来？面对“特别国情”，有人主张引进西方文化来适应中国国情，对此，沈昌烨的见解是一个非常有力的回击，他说：要是采纳西洋文化须以中国的意识形态之适应与否为标准，那么我们根本不必采纳，现存的中国文化，不是更能适应中国的意识形态吗？②

事实也是如此，如果引进也是为了守旧，那么引进就不具有改革的意义了。所以《为中国文化敬告世界人士宣言》又特别强调中国文化要“依其本身之要求”，学习西方文化，特别是“民主”和“科学”，以“伸展出文化理想”来，即经过“民主”和“科学”这个“十字架”撑开中国文化之巨伞。

其实，文化的民族性与时代性是不可分割的两个互为前提的侧面，两者互为联系、互为依托，又相互作用，它们是辩证的统一。首先，文化的民族

① 马克思恩格斯文集：第一卷［M］．北京：人民出版社，2009：520.

② 沈昌烨．论文化的创造致张季同先生［A］．马芳若．中国文化建设讨论集：中［C］．上海：经纬书局，1935：107.

性不仅表现为民族文化的特质，还寓于文化的时代性之中。其次，文化的时代性差异又包含着民族性差异，既体现在同一社会制度下不同民族有着差异性的文化，又体现在同一时代不同社会制度下不同民族有着差异性的文化。由于文化的普适性寓于文化的民族性之中，人们常用文化的普适性来粉饰文化的民族性，并以此来遮蔽文化的时代性。但是，文化普适性并不等于文化先进性，文化普适性并不意味着一定会反映时代精神。因为文化的时代性不仅突显当下性，更需要站在时代的最前列，体现时代精神，符合时代主旋律。“与时俱进”就体现了人民大众所接受的文化就应是最先进的最优秀的文化价值判断。顺应历史发展趋势的先进文化总能取代那些与历史发展趋势不相适应的落后文化。从古至今，每个时代的先进文化，都是不断“推陈出新”的结果。《为中国文化敬告世界人士宣言》对于中国文化之发展，对于西方文化和世界学术思想之期望，在一定层面上有这种意蕴。

当然，在讨论这一问题时，有两种观念需给予警惕：一是“越是民族的越是世界的”。这一观念没有看到文化的普适性和民族性的双向互动关系，观念偏狭化。其实我们必须区分文化的民族具体性和思想普适性，要从发展的层面延续并超越传统，这样才有利于对文化的民族性和时代性关系的正确把握。二是“文化自我中心主义”。它就是把本民族文化视为先进文化的代表，同时把本民族文化价值视为最高价值，并以之作为衡量、评判其他民族文化价值的尺度。若习惯于文化的民族性来替代文化的时代性，极易成为一种排他性的意识形态，极端的便成为文化霸权主义。

当然，在反省的同时，又表现出极大的无奈。这是因为在新儒家那里，曾被称之为“十年间吾人努力之综结”的《为中国文化敬告世界人士宣言》，仅仅是为中国人的文化精神找寻一个栖息之处、为文化心灵索求一个安顿之所，不要中国文化成为世界文化的悬疣附赘。特别是作者们还连用了两个“恳求”——“（我们）研究所已得的关于中国学术文化之过去现在与未来的结论……恳求世界人士注意”“我们首先要恳求：中国与世界人士研究中国学术文化者，须肯定承认中国文化之活的生命之存在”——显而易见地表现出那种底气不足地谋划文化自信的表达。

第五章　特色的而非特殊主义的：文化自强的战略考量

——以中国共产党十五大政治报告为考察中心

中华人民共和国成立后，中国共产党带领全国各族人民开始全面建设中国特色社会主义先进文化。在此过程中，中国共产党的领导人提出了中国特色社会主义文化建设的基本纲领，即建设中国特色社会主义文化，就是以马克思主义为指导，以培育有理想、有道德、有文化、有纪律的公民为目标，发展面向现代化、面向世界、面向未来的，民族的、科学的、大众的社会主义文化。这就要坚持用邓小平理论武装全党，教育人民；努力提高全民族的思想道德素质和教育科学文化水平；坚持为人民服务、为社会主义服务的方向和百花齐放、百家争鸣的方针，重在建设，繁荣学术和文艺。建设立足中国现实、继承历史文化优秀传统、吸取外国文化有益成果的社会主义精神文明。①

这一纲领是对毛泽东关于“民族的”“科学的”“大众的”文化思想和邓小平提出的“面向现代化、面向世界、面向未来”思想的有机整合，赋予了中国特色社会主义文化以全新的内涵，进一步指明了我国社会主义初级阶段文化建设的战略目标和根本任务。②

① 江泽民文选：第二卷［M］．北京：人民出版社，2006：33.

② 向冬梅，邓显超．改革开放三十年中国文化发展战略思想的演进［J］．探索，2009（1）．

第一节 文化的迷失与偏至

新民主主义文化纲领及相应的文化制度是依据新民主主义时期的社会存在而确立的。当新的社会存在及建立在此基础上的新政治上层建筑确立了，观念上层建筑自然也要重构。因此，对新民主主义文化进行社会主义改造，使其发展成为社会主义文化是历史的必然。改造完成后，中国共产党带领人民对社会主义建设道路开始艰辛探索。在思想文化领域中，通过转变知识分子政策，正式确立“双百”方针，召开向科学进军，培育民族精神，先进文化建设取得了显著成就，不仅涌现了红旗渠精神、焦裕禄精神、大庆精神、“两弹一星”精神、雷锋精神等，而且文化艺术大放光彩，创作出《洪湖赤卫队》《甲午风云》《红色娘子军》《白毛女》《上甘岭》《冰山上的来客》《青春之歌》《红岩》等文艺作品，教育事业也是蓬勃发展。在1956年至1966年展开探索的十年间，中国共产党人遵循马克思主义唯物论，认为“一定的文化（当作观念形态的文化）是一定社会的政治和经济的反映”①，以及按照新民主义时期所勾画的新文化建设蓝图，明确了文化建设在社会主义总体布局中的战略地位，确立了文化为人民大众服务的发展方向，提出了“百花齐放、百家争鸣”这一文化建设方针和“古为今用、洋为中用”“推陈出新”等文化建设原则，并把实现“科学文化现代化”作为社会主义建设时期确立“四个现代化”的战略目标之一。如此，在总体上是顺应了繁荣文化艺术、发展科学技术的时代要求。十一届三中全会后，党在思想文化领域开展拨乱反正工作。伴随党恢复和调整文化政策，一时间，文艺创作者在各类题材和各种方法上寻求可能性，各种文化思潮百家争鸣，各个艺术门类百花争艳，文艺产品日益丰富。比如说。1979年才生产65部故事影片、有12.2万个放映单位、出版11.8亿册（份）杂志、出版40.7亿册图书，而到1985年时，却生产127部故事影片、拥有18.2万个放映单位、出版25亿册

① 毛泽东选集：第二卷［M］. 北京：人民出版社，1991：663.

（份）杂志、出版66.5亿册图书了。[①] 此后，在对以往文化建设进行反思的过程中，一方面是西方思潮不断涌入国门，冲击着原有的价值观，另一方面是对中华传统文化进行再认识。如此，形成了蔚为壮观的文化热现象。

一、喜忧参半的西学热

为深刻反思"文革"悲剧得以产生的深层原因和深远影响，我国思想文化界掀起了重新解读和阐释传统文化、马克思主义和西方思潮的热潮，希望凭借中、西、马等各种思想文化理论，能够对新中国史，进而对中华五千年文明史进行剖析和解读，以此尝试着探索包括文化建设在内的现代化路径，如此，各种思潮相互激荡、各种思想相互碰撞，"读书无禁区"也成为映衬当年文化热的鲜明特征。在文化热中，以重新解读和阐释传统文化、马克思主义和西方思潮为中心，出现了研究阐释传统文化的论著、研究译著马克思主义和西方思潮的论著的丛书（刊）出版热，比如"走向未来丛书""文化：中国与世界丛书""二十世纪文库""汉译世界学术名著丛书""当代国外社会科学流派丛书""面向世界丛书""走向世界丛书""中外比较文化教学丛书""文化哲学丛书""文艺新潮丛书""中国文化史丛书""五角丛书""中国近代文化史丛书""民间语海丛书""二十世纪西方哲学译丛""当代军人风貌丛书""西方哲学流派丛书""跨世纪丛书""世界文化丛书""西方学术译丛""新学科丛书""哲学现代化丛书""三个面向丛书""比较文化丛书""现代文化丛书""传统与变革丛书""美学译文丛书""外国文艺理论丛书""外国文学研究资料丛刊""然回首丛书"等。同时，这一时期还涌现了众多思想学术团体，开展各种学术活动。

正是在重新解读和阐释传统文化、马克思主义和西方思潮的热潮中，基于借鉴人类文明成果的基础上发展民族文化的需要，在当年，西学热度不断增长，这自然是与"睁眼看世界"相呼应。从西方理性主义思潮来看，主要

① 国家统计局．全国年度统计公报［EB/OL］．http：//www.stats.gov.cn/tjsj/tjgb/ndtjgb/index_1.html.

有主体主义、自由主义、个体主义和人道主义等思潮涌入，这对刚刚“文化大革命”的极“左”思潮桎梏中解放出来的人来说，给予了极大的思想启蒙。因为那十年历史激发了思想文化界对“人”的重新追寻。于是，思想文化界大树特树“人”的旗帜，人文学科，不论是哲学、美学，还是文学、史学，都在倡导主体性，特别是在文学领域，从“朦胧诗”到“伤痕文学”、“反思”文学，无不反映着求索人之本质、人之价值、人之意义。但其迅速被西方非理性主义的抽象人性论、无政府主义、人本主义等所异化，成为一股文化浊流，引发关于人道主义和异化问题的大讨论。虽说是坚持四项基本原则和反对资产阶级自由化的斗争，但还是围绕人展开的。

而从非理性主义思潮来看，主要有唯意志主义、现象学、生命哲学、存在主义、弗洛伊德主义等思潮涌入。这些思潮以否定人的理性、否定道德中的理性内容、否定人的信仰、否认历史发展规律为基本特征。非理性主义思潮和异化了理性主义思潮的涌入，直接导致我国思想文化领域在当年有了“去政治化”的倾向，甚至使文化虚无主义盛行起来，于是在文艺创作中出现了虚无化历史、碎片化现实、欲望化人性、怪诞化艺术的现象，思想文化领域陷入灰暗、虚无，甚至暴力、色情的怪圈。特别是苏联解体、东欧剧变后，一时间“历史终结论”“社会主义失败论”甚嚣尘上，使一些人怀疑走社会主义道路的正确性，怀疑共产党人的领导能力，推崇蓝色文明而否定黄色文明，推崇西方文化而批判传统文化。

当然，西方思潮的引入，并非一无是处，仍有许多文明成果值得我国借鉴，比如系统论、信息论、控制论、耗散结构论、协同论和突变论都被广泛地运用到我国哲学社会科学的各个领域之中。

二、再度偏至的文化本位

在西方文化倍受追捧之时，传统文化也得到前所未有的关注。只是思想文化界在当年对其关注走向了极端：要么是以西方文化为参照物，推崇蓝色文明而将传统文化视为“衰落的文明”，看成是阻滞中国实现现代化的主要障碍物，对其毫不留情展开批判；要么是高举起捍卫之大旗。总之，思想文化界在当年通过建立研究机构、出版丛书、召开学术会议等形式对传统文化进行了再认识、再评价、再利用，使传统文化研究进入一个新的发展阶段。值得注意的是，思想文化界在对传统文化进行历史性开掘、现代性阐释过程中，“反传统”的声浪是比较高的，但不全是为反而反。以寻根文学为代表的批判热潮，一方面承继五四时期思想文化界对国民性的论究，同时直指封建文化思想；另一方面，反中有立，在对中华文明进行全方位审视、深层次剖析的过程中，尝试着确立中国文化在世界文明坐标系中的确切位置。

比较中西文化，在反思与批判传统文化时，自然是题中应有之义。但文化比较应该遵循正确的原则与方法，如尊重差异，平等包容，独立自主，取其精华、弃其糟粕。不过当年思想文化界有部分人以线性时间观的思维方式看世界——越具有现代性的事物越先进，越具有前现代性的事物越落后，于是“惟新”成为重估一切价值的评价尺度。正是遵循此种逻辑，他们在“睁眼看世界”时，看到的只是西方世界发达的物质文明、先进科学技术。特别是在西方学者放言“文明的冲突”将取代民族的冲突，以及“历史终结”于资本主义之后，把“未来”作目的化处理的“惟新是求”更是如此。

在经历国际上的剧变和国内的政治风波之后，人们在全球文明坐标体系中又重新认识中华文明。从纯粹文化的视角重新认识，到掺入全新的国际关系与国内秩序背景下的实际利益因素，特别是加强意识形态建设的同时开始推行社会主义市场经济建设，就使得文化建设有了一个全新的语境。一方面，在全新的国际关系与国内秩序中，意识形态领域需要传统文化作为精神资源凝聚人心，以维系社会稳定，故把中华民族优秀传统文化教育纳入爱国主义教育，成为其重要组成部分。另一方面，港台的流行歌曲、功夫影视以及武侠小说涌入大陆，构成了文化本位意识兴起的流行文化氛围。因为港台的流行歌曲保留着浓厚的中国意识与传统情调，其功夫影视与武侠小说充盈着忠、孝、节、义以及复仇情结、强国梦想等内容，这些流行文化催生了中国风。在此背景下，传统文化热再度兴起，形成影响力异常巨大的社会思潮，成为文化本位思潮最为显著的标识。

其实，传统文化热是在政治、教育、市场等因素共同作用下产生的，其中掺入了全新的国际关系与国内秩序背景下的实际利益的纠缠与合谋。正如王彦坤先生所说，传统文化热，是学者积极倡导、媒体推波助澜、高校设院办班、民间跟风呼应、官方倾向支持五个方面综合作用的结果①。这是较为客观地描述了当年传统文化热的实际状况。

北京大学成立中国传统文化研究中心，这更多的是体现了北京大学弘扬中华优秀文化的初心和延续自己在从事中华优秀文化教学科研方面的传统。五四时期，应蔡元培校长之聘，鲁迅先生在北大讲授中国小说史，这门课的讲义《中国小说史略》成为中国小说史的开山之作。胡适先生在北大授课的讲义《中国哲学史大纲》（上卷），是用近代方法编写的第一部中国哲学史。民间歌谣与传说的征集、研究，清内阁大库档案的整理、研究，都是北大发起的。我国最早的考古学研究室也是在北大建立的。后来，北大又荟萃了汤用彤、冯友兰、王力、魏建功、翦伯赞、朱光潜、邓广铭等享誉世界的国学大师。他们培养的学术接班人，已成为今日北大研究中国传统文化的中坚力量。②

北京大学成立中国传统文化研究中心只是“希望我们不要在吸收外国文化的时候，忘记自己的传统文化”③。但经过《人民日报》、《光明日报》、中央电视台与中央广播电台等官方媒体的关注后，逐渐地由简单的学术动向、教学内容演化为复杂的“国学”意识。特别是《人民日报》于1993年8月16日发表了毕全忠专访北京大学后写的散记——《国学，在燕园又悄悄兴起》一文，将国学热上升到建设文化主旋律的高度，文中写道：国学的再次兴起，是新时期文化繁荣的一个标志，它将成为我国文化主旋律的重要基础。④

而《人民日报》在此文的“编者按”中还进一步指出：中国传统文化即“国学”，研究国学、弘扬中华民族优秀传统文化，是社会主义精神文明建设的一项基础性工作。两天后，《人民日报》又在头版以短评的形式发表

① 王彦坤．国学热的持续升温与值得思考的几个问题［J］．暨南学报（哲学社会科学版）．2009（1）．

② 吴同瑞．以弘扬中华优秀文化为己任——北京大学中国传统文化研究中心学术活动综述［J］．北京大学学报（哲学社会科学版），1998（02）．

③ 楼宇烈．国学百年争论的实质［N］．光明日报，2007－01－11（010）．

④ 毕全忠．国学，在燕园又悄悄兴起［N］．人民日报，1993－08－16（03）．

了题为《久违了，“国学”》的文章。该短评不仅盛赞国学研究对社会主义精神文明建设的重要意义：“社会主义精神文明建设离不开我国优秀的文化传统”，“所谓‘有中国特色’，一个重要含义就是中国的文化传统”，更为重要的是将“优秀传统文化”融入“爱国主义”意识形态。可以说，官方媒体的关注，既是评论，也是引导。一时间，“国学”迅速热遍全国，一些报纸杂志开设了“国学”专版专栏，一些大学相继成立国学研究中心或国学院，一些中小学开展起读经活动，一些社会培训机构开办起总裁国学班、少儿国学班，一些地方政府开展祭孔活动，等等。

对于“国学热”，它有对过往激烈反传统倾向的反思，有构建文化软实力的需求，有增强文化自觉、坚定文化自信的需要，也还有着一些复杂的利益诉求。官方倾向支持自有国内外战略上的双重考量，高校设院办班有其学科建设与发展的需要，而学者倡导、媒体助推、学校运作既与体制相关，又与市场结合，因而在市场与大众通俗文化领域中，“思潮”与“商潮”相汇，甚至在某些具体领域中是“商潮”涌立、“思潮”退散。

其实，“国学热”表征着国家政府、社会组织以及公民个体都有文化自主意识，这不单单是一个民族国家综合实力处于跃升时期的自然需要，也是一个拥有丰硕优秀传统文化资源的民族的自然表现。但是，当年的文化本位思潮却存在偏至情况，即没有充分意识到学习异域先进文化是一个必要的选择。其实，每一个文明和每一种文化都有其长处与短处、优势与劣势，如此，每一种文明“只有同其他文明交流互鉴、取长补短，才能保持旺盛生命活力”①。中国文化正是经他者的对照，才发现了自我传统的诸多弊端，而开始自我反思与更新。如果在交往过程中一种文明总是以居高临下的态度去对待其他文明，不仅不能深刻理解其他文明的内在精神与思想，反倒会与之格格不入。只要每一种文明体都秉持着包容精神，彼此尊重，彼此调适，以协商的方式，共同应对全球性挑战，就能够消解“文明冲突”存在的条件，进而实现文明和谐。如果我们在当年有充足的理由自信认为，中国文化与其他民族文化一样，将成为未来全球文化坐标系的轴心，那么，中国文化也就

① 习近平谈治国理政：第三卷［M］．北京：外文出版社，2020：469.

不会在排斥他者的半封闭状态中走向世界，而是在与其他民族文化充分地交流互鉴中实现中国文化世界化与世界文化中国化。如果中国文化在解答“中国问题”过程中，其解答方式和解答经验能够彰显出世界意义和普遍价值，也就实现了中国文化世界化。中华文明上下五千年，而我们的现代转型才一个多世纪，现在为解决全球性问题所提供的中国理念、中国经验、中国方案，正是在现代转型中生成的，是现代转型的初步成果。如果在综合国力有所提升后，我们就提倡文化本位，关闭与其他民族文化的更深层交融的通道，无异于重走洋务派的老路，中学为体，西学为用，且主要学习西方物质层面的文化即可。中国文化要实现真正的世界化并广泛影响世界，必须是在现代转型充分完成之后。

第二节　建设中国特色社会主义文化

一个民族国家的文化表征着该民族国家的理想追求与本质特征。中国共产党十五大提出了“建设中国特色社会主义文化”。这一文化纲领是中国特色社会主义社会在文化领域中的本质规定、应然追求，是时代精神之精华，既与资本主义文化相区别，又与其他形形色色社会主义文化相区别。

一、中国特色的基本维度

中国特色社会主义文化是人类共识性文化理念在社会主义中国的具体形态。因此，对“中国特色”的理解，成为准确理解中国特色社会主义文化的逻辑起点。据以参照的维度有空间场域、历史方位、主体抉择三个方面。

就空间场域而言，具有本土性维度。在人类进入世界历史之后，在资本逻辑的造就下，文化理念的差异化发展，逐渐形成了文明的二元结构，而且是使未开化和半开化的国家从属于文明的国家，使农民的民族从属于资产阶级的民族，使东方从属于西方。① 因此，一方面，人类共识性文化理念和民族性文化理念的矛盾关系内生于“中国特色”之中；另一方面，“中国特色”正是社会主义中国在文化实践上对人类共识性文化理念和民族性文化理念矛盾关系所作的历史性解答。因此，就空间场域而言，“中国特色”为中国特色社会主义文化确立了一个空间范围，表征了场域规范，即“中国”的社会主义文化。这就要求文化建设与发展必须立足于中国实践、中国历史和中国文化的实际，必须与中国特色社会主义事业相对接。原因有三：

一是，任何一个民族国家都有自己的文化理念，人们不能教条式的直接用一般性文化理念或价值原则移植于本国用来解决特殊的问题，更不能经验性照搬其他国家的文化理念或价值原则来解决本国的文化问题。这两种做法都不可能实现人类共识性文化理念和民族性文化理念矛盾关系的科学解答。中国特色社会主义文化以马克思主义为理论依据，以中国问题为实践基础，科学地解决了人类共识性文化理念和民族性文化理念矛盾关系。

二是，任何一般性的文化理念与价值原则都只能作为方法，作为“进一步研究的出发点和供这种研究使用的方法”②，并与本国的具体实际相结合，才能真正发挥改造世界的功能；任何值得借鉴、吸纳的“地方性”文化观念，也得取其精华、弃其糟粕。因为，从文化与中国特色社会主义事业的关系维度来看，任何非马克思主义文化理念都不能直接拿来“对接”并指导中国的社会主义建设。就普世价值观而言，以抽象的普遍主义为基础，以共相遮蔽殊相，甚至成为价值极权主义或文化霸权主义；就其他形形色色来说，虽然强调了文化理念或价值原则之于社会主义的意义，但在价值目标上却有浓厚的空想色彩，由此成了一种乌托邦式的社会主义文化，几乎没有现实性。

三是，在现实中，不存在相对于所有国家而言的普遍性文化观念问题，只存在与该国家经济社会活动以及物质交往关系直接联系的文化观念问题；异质性的经济社会活动以及物质交往关系产生异质性的文化观念。因此，建

① 马克思恩格斯文集：第二卷［M］．北京：人民出版社，2009：36.

② 马克思恩格斯文集：第十卷［M］．北京：人民出版社，2009：691.

设和发展中国特色社会主义文化应当与中国的经济社会发展的价值目标相契合，与中国传统文化的价值精神相契合，与中国人的价值心理相契合，这样才能增强其建设效果以及发展程度。

科学解答人类共识性文化理念和民族性文化理念的矛盾关系，不仅有人类共识性文化理念民族化、本土化、具体化的问题，还有民族性文化理念世界化的问题。如果说在世界走入中国的过程中，是一般性走向特殊性——人类共识性文化理念不断中国化的话，那么，在中国走向世界的过程中，就是特殊性走向一般性——中国特色社会主义文化世界化。中国不是一个“只生产物品、不生产价值观”的国度，它在探索“后中国特色道路”的文化理念的意义上，具有世界意义。

就历史方位而言，具有时代性维度。每一个时代的理论思维，从而我们时代的理论思维，都是一种历史的产物，它在不同的时代具有完全不同的形式，同时具有完全不同的内容。[①] 因此，就历史方位而言，“中国特色”表征了时代规范，即中国特色社会主义文化立足现实并指向未来。这一定位的意义在于，中国特色社会主义文化只有立足社会实际、对接现实问题、反映时代特征，才能作为时代精神之精华，并指导解决社会现实的文化问题。这就要求，建设和发展中国特色社会主义文化必须结合时代尺度化解中国文化问题。原因有三：

一是，中国特色社会主义文化遭遇着前现代文化、现代文化、后现代文化在中国的共时性出场，是在不断选择又不断综合创新的过程中形成的。但是，立足于这一复杂时代而生成的中国特色社会主义文化又与上述任何时代尺度并不完全对应。这个复杂时代的复杂问题，需要科学的理论给予解答与回应。中国特色社会主义文化立足于思想文化领域出现的多元化、真空化、虚无化、倒置化、悬置化、错位化等问题，构建了认知方式，提供了行动导向。

二是，正因为前现代文化、现代文化、后现代文化在中国共时性出场，传统文化仍遗存于社会生活之中，世界上各种社会思潮与价值观念也充斥于

① 马克思恩格斯文集：第九卷［M］．北京：人民出版社，2009：436.

社会生活之中。但文化的多元与多变仅仅只是一种客观现实。凡是现实的，都是合理的。而现实的合理性是有其存在条件的，当存在条件发生变化了，原有的现实将失去存在的合理性，进而退化为一定要消亡的现存。因此，中国道路奋力追求的中国特色社会主义文化，应该是既有主导又有批判、既有继承又有发展，在应对各种非马克思主义文化的冲击与挑战过程中，维护其“国之魂”的中心地位与主导作用，彰显文化自信。

三是，从中国特色社会主义文化的在场反思来看，当问题与问题域发生根本转变之后，指引问题解答的文化理念也应该发生转向，这就需要中国特色社会主义文化不断出场才能保证其永恒在场。马克思主义文化理念从自由资本主义社会到社会主义社会，从欧洲到中国，经历时空语境的转化；纵使在中国，也经历了革命、建设与改革等不同实践主题。当年围绕“建设一个什么样新世界、怎样建设一个新世界”而建构起来的新民主主义文化，因为历史间距不能完全指引“什么是社会主义、怎样建设社会主义”的解答；马克思恩格斯结合对资本主义社会的批判而建构起来的“人的全面而自由的发展”这一社会主义文化理念，既因为历史间距，又因为空间间距，同样也不能完全指引“什么是社会主义、怎样建设社会主义”的解答。中国特色社会主义文化仅仅是对当代中国特色社会主义作出的文化实践要求。随着进入“后中国特色”时期，中国特色社会主义文化不仅要关照中国，还要辐射世界。

就主体抉择而言，具有差异性维度。每个民族国家、每个公民个体的文化理念在经济、政治、文化、社会等领域中的表达都是有差异的。差异的主体有着不一样的文化想象。就主体抉择而言，“中国特色”表征了价值抉择规范，即中国特色社会主义文化是在反思与总结、批判与继承中寻求对以“普世价值”为代表的资本主义文化、其他社会主义文化以及中国传统文化的超越。这就要求，建设和发展中国特色社会主义文化必须深度揭示差异性社会在文化理念上的根本规度。原因亦有三：

一是，中国特色社会主义文化有三大思想资源：马克思主义、全球性文化理念、中国传统文化。既要清楚地认识到“魂”“体”“用”之关系，又要从进得去与出得来的视角清楚地认识到三大思想资源之间存在着“变革”

与“融合”的关系，而不是彼此“消解”。

二是，中国特色社会主义文化既要关注中国又要关注世界。既然中国特色社会主义文化是人类共识性文化理念在社会主义中国的具体形态，那么关注中国又关注世界自然是题中之义。人作为类整体的存在及人类的普遍交往实践，内生着人类共识性文化理念，这是不可否定的客观存在；否定这种客观存在的做法是不明智的。但是，人的群体性存在又决定着人类共识性文化理念有一个从一般向特殊转化的问题，具体到民族国家，就形成该民族国家的文化理念。虽说那种认为民族性文化理念不会也不可能向人类共识性文化理念继续发展的观点是短视的，但那种完全用人类共识性文化理念来否定民族性文化理念、用共相否定殊性的观点，则是对人的群体性存在的置若罔闻。因此，科学的观点是，既不否认人类共识性文化理念的存在，又看到人类共识性文化理念的分殊；既要为达成更多的文化共识不断奋斗，也要维护“国之魂”的中心地位与主导作用。

三是，现今人们在对话与借鉴方式上已经从反对“全面肯定的文化保守主义”和“全面否定的历史虚无主义”走向“取其精华，去其糟粕”的现实主义了。然而，古今中外的文化理念不能被简单地认为是已经瓜熟蒂落的东西，而应当看成是一个复杂且鲜活的生命体，人们需要用一种辩证的思维去理解“取其精华，去其糟粕”。凡是把精华与糟粕作实体性存在——文化本身固有的性质去理解的，就是把“存在”等同了“意义”。正确认识应当是，把精华与糟粕作价值性存在——文化在现实条件下的价值与意义去理解的。人们应当以人和社会的发展这一现实的具体条件和对象为判定标准，去判定古今中外价值观念的精华与糟粕。

实践是人的存在方式，是人的本质力量在一定时间和空间范围内的外化，因此，“中国特色”所表征的场域规范、时代规范与价值抉择规范统一于建设和发展中国特色社会主义文化的实践中。

二、社会主义文化的“中国特色”

如果人们肯认了社会主义文化具有“中国特色”，那么就必须进一步厘清其表现出什么样的特色。在党的十五大报告中，江泽民同志第一次完整地提出了建设中国特色社会主义文化的科学内涵，就是以马克思主义为指导，以培育有理想、有道德、有文化、有纪律的公民为目标，发展面向现代化、面向世界、面向未来，民族的科学的大众的社会主义文化。①

这一科学论断是在中国社会主义建设新时期出场的，同新民主主义文化的出场路径、出场语境不一样，但它是新民主主义文化在新的历史阶段和历史条件下的延续和发展。就具体内容而言，有其不同于其他民族、国家、历史阶段的特点。

首先，中国特色社会主义文化以马克思主义为指导。换言之，马克思主义和中国特色社会主义文化不是两种并列并行的文化，也不是谁包含谁，而是用马克思主义指导中国特色社会主义文化建设与发展。中国特色社会主义文化之所以是社会主义性质，就是在于坚持马克思主义的指导地位。历史已经证明，现实正在证明，未来继续证明，我们什么时候念好马克思主义“真经”，中国先进文化就能实现大发展大繁荣；什么时候念歪马克思主义“真经”，思想文化领域就可能发生颠覆性错误。因此，建设中国特色社会主义文化，马克思主义“一定不能丢，丢了就丧失根本”②。相反，我们应该要不断地实现马克思主义指导思想的中国化、时代化和大众化，促进马克思主义指导思想在思想文化领域的广泛生成，为中国特色社会主义文化建设与发展提供科学的方向性指导。当然，坚持当代中国马克思主义在意识形态领域的指导地位，并不是说要将马克思主义作为一种思想置于一切思想文化领域之上而成为统驭一切的力量，而是要使马克思主义自觉地融入现实社会文化生活的一切领域，从而实现文化与社会的双重整合。③

其次，中国特色社会主义文化是以培育“四有新人”为目标的文化。建设和发展中国特色社会主义文化就旨在塑造符合时代要求的“新民”或“新人”。那么，社会主义初级阶段“新民”或“新人”应具备什么样的素

---

① 江泽民文选：第二卷［M］．北京：人民出版社，2006：17.

② 习近平谈治国理政：第一卷［M］．北京：外文出版社，2018：9.

③ 隽鸿飞．文化与意识形态：论巩固马克思主义在意识形态领域的主导地位［M］．哈尔滨：黑龙江人民出版社，2016：45.

质和条件？中国共产党领导人一方面重申了德、智、体、美、劳全面发展的教育方针，同时又立足了现实，提出了“四有”标准，即培育有理想、有道德、有文化、有纪律的公民。对于如何培育，中国共产党人认为，“新民”或“新人”的塑造主要是通过开展共产主义理想信念教育、社会主义道德教育、民主法制教育、纪律教育等，进行精神陶冶，培养民德，唤醒民众，使之具有符合时代要求的觉悟。

再次，中国特色社会主义文化是坚持“三个面向”的文化。随着经济建设的高潮到来，不可避免地将要出现一个文化建设的高潮。① 伴随时代主题转化为和平与发展，且新的工业革命深刻影响着世界经济、政治、社会、文化等方面的变革，以及世界各民族文化进行着史无前例的交流和碰撞，如何把握历史机遇，成功应对挑战，实现中国文化的伟大复兴，以一个具有高度文化的民族出现于世界呢？那就是要使中国特色社会主义文化面向现代化，面向世界，面向未来。“面向现代化”，旨在实现中国特色社会主义文化的现代转型。因为在中国，由于现代化起步晚且是被动裹挟进入此进程中的，既处在农业社会向工业社会的急剧转变中，又面临着从工业社会向信息社会的跃迁，如此，中国特色社会主义文化不可能像西方文化那样有一个历时性的递进过程，即从前现代化文化到现代化文化再到后现代化文化，而是遭遇着前现代化文化、现代化文化、后现代化文化共时性出场，这种转型中的复杂性及相关的难题集中反映到文化现代化上来。“面向世界”，旨在实现中国特色社会主义文化主动应对全球变局。在世界历史时期，在普遍联系的当代，中国特色社会主义文化一方面不可能闭门建设与发展，任何闭关自守都在消解自我发展的外部条件，另一方面又经受着处于强势地位的西方文化的巨大冲击。如此，我们要尊重社会发展规律，把世界一切先进技术、先进成果作为我们发展的起点。② 当然，这种学习和借鉴不是单向的，而是相互交流的。“面向未来”，旨在实现中国特色社会主义文化与时俱进，即顺应时代发展的进步潮流而不断更新自己、发展自己，不仅要能服务当代的经济基础和政治

---

① 毛泽东文集：第五卷［M］. 北京：人民出版社，1996：345.

② 邓小平文选：第二卷［M］. 北京：人民出版社，1994：111.

上层建筑，而且也能服务未来发展，为后世认可和传颂。

最后，中国特色社会主义文化是民族形式和科学内容的完美结合，为广大人民群众喜闻乐见的文化。它注重内容和形式的统一，坚持为人民服务、为社会主义服务的方向和百花齐放、百家争鸣的方针，全面健康地发展社会主义的教育、科学技术、文学艺术、大众传媒、卫生体育等一切文化事业，充分满足广大人民群众的文化需求，最大程度地促进社会主义的经济建设和政治建设。不过，相对于新民主主义文化纲领，社会主义文化纲领中的“民族的科学的大众的文化”有了新内涵，如“民族的”被赋予了中国式的现代化和民族共同体意识等；“科学的”被赋予了要“与社会主义市场经济相适应、与社会主义法律规范相协调、与中华民族传统美德相承接”①，要具有“三个面向”的内涵，且把马克思主义中国化最新理论成果作为指导思想；“大众的”被赋予了坚持“双为”方向。正是以社会主义文化纲领为遵循，不断深化文化体制改革，推动社会主义文化大发展大繁荣。

三、警惕民族性遮蔽时代性

古往今来，任何文化系统都随着交往实践的发展而发展普遍交往的形成和发展，深刻地影响着文化的内容和形式。因此，文化不仅具有民族性，还具有普世性。马克思和恩格斯在《德意志意识形态》中指出，“交往普遍化”或“普遍交往”推动“地域性的存在”朝着“世界历史性的存在”发展。

由于文化的普世性寓于文化的民族性之中，人们常用文化的普世性来粉饰文化的民族性，并以此来遮蔽文化的时代性。但是，文化普世性并不等于文化先进性，文化普世性并不意味着一定会反映时代精神。因为文化的时代性不仅凸显当下性，更需要站在时代的最前列，体现时代精神，符合时代主旋律。“与时俱进”就体现了人民大众所接受的文化就应是最先进的最优秀的文化价值判断。顺应历史发展趋势的先进文化总能取代那些与历史发展趋

① 江泽民文选：第三卷［M］．北京：人民出版社，2006：560.

势不相适应的落后文化。从古至今，每个时代的先进文化，都是不断“推陈出新”的结果。

在讨论这一问题时，有两种观念需给予警惕：一是“越是民族的越是世界的”。这一观念没有看到文化的普世性和民族性的双向互动关系，观念狭隘。其实我们必须区分文化的民族具体性和思想普适性，要从发展的层面延续并超越传统，这样才有利于对文化的民族性和时代性关系的正确把握。二是“文化自我中心主义”。它就是把本民族文化视为先进文化的代表同时把本民族文化价值视为最高价值，并以之作为衡量、评判其他民族文化价值的尺度。若习惯于文化的民族性来替代文化的时代性，极易成为一种排他性的意识形态，极端的便成为文化霸权主义。

第六章　自觉而非盲从主义的：文化自觉的坚定表达

——以《甲申文化宣言》为考察中心

如果说《中国本位的文化建设宣言》提出要面对世界文化之挑战，《为中国文化敬告世界人士宣言》提出要展开与世界文化之对话，那么，2004年发表的《甲申文化宣言》，作为跨入21世纪应对世界形势发生巨大变化的文化策略，用“我们主张”“我们确信”“我们呼吁”的概括式表述明确其目的，即“弘扬中国文化”“促进人类文明与社会发展”。这一目的依据是文化多元化，在全球化进程中除了有“文明交融”之外，还有“文明冲突”和“文明交锋”。如此可以看到，把文化与“文明交融”“促进人类文明与社会发展”紧密关联起来，显然是要促进不同国家文化差异共生、和谐共存。这不仅体现出对本位文化的自信，更是实现中华民族（文化）伟大复兴的真正开始。

事实上，自从中国被动卷入世界现代化浪潮当中以来，人们对中国文化的观察始终是放在全球化的框架下展开的。早在《海国图志》中魏源就曾说：“岂天地气运，自西北而东南，将中外一家欤!”从那时起，所有中西文化论辩都是对“三千年未有之大变局”的回应。然而，《甲申文化宣言》较之前面两份宣言，全球化的时代背景更为突出，也更为特殊。即进入21世纪以来，中国不仅在国际活动中发挥重要作用，而且国内生产总值在当时已超英、法、德，居全球第三位，更让中国人兴奋的是国家汉办开始在全球开办孔子学院，传播中国文化。可以说，《甲申文化宣言》是世界形势发生巨大变化情境中的文化应对策略，对其进行解读不宜局限于文化的具体实践层面。

第一节　全球化对文化的洗礼

《甲申文化宣言》发表于2004年9月。各民族文化必“经历过全球化的洗礼”是其发表的特殊历史背景。经全球化的洗礼，不同民族的文化，一方面彰显其差异性、多样性，另一方面因差异而交流互鉴。

一、文化的多元多样

差异是绝对的，差异律是物质世界的基本规律。人类的文化同一切事物一样都是差异生成的。文化的差异化生成，既源于自身场域环境又源于自身进化状况。

从场域环境的视角来看，每种文化的生成与发展都深受自然环境与社会环境的规约，场域环境的差异性影响着文化的差异化生成与发展。自然场域环境不仅影响着人类的生产方式与生活方式，也深深地影响着人类的思维方式，进而也就影响着人类观念的生成与发展。虽说“地理环境决定论”有失偏颇，但不能否认“物质决定意识”的观点。我们不能对自然场域环境对人类价值观念生发、形成的原初影响而熟视无睹，更不可能将其抹杀。按照历史唯物主义的观点，对人类价值观念生成、发展起决定性作用的不是自然场域环境，而是社会场域环境。“不是意识决定生活，而是生活决定意识”。①

思想、观念、意识的生产最初是直接与人们的物质活动、与人们的物质

① 马克思恩格斯文集：第一卷［M］．北京：人民出版社，2009：525.

交往、与现实生活的语言交织在一起的。人们的想象、思维、精神交往在这里还是人们物质行动的直接产物。①

因此，一个民族的文化不是独立性的形式，而是进行交往实践的人们在改造客观世界同时改造主观世界的产物。每一种文化的产生和内容都取决于该民族的物质性生产或物质性交往关系。总之，自然场域环境与社会场域环境作为价值观念差异发展的两大生成源，其影响既是原初的，也是根源性的。

因此，文化是具有民族性差异的，即“任何一个民族的文化只能理解为历史的产物，其特殊性取决于各民族的社会环境和地理环境”。② 因为文化是人的本质力量的对象化的创造物，千姿百态的自然环境为各民族提供无限多样的生产资料和生活资料，导致了各民族不同的生产方式和生活方式，形成了不同的观念和认识；不同的生产生活方式和思维观念的人们，其行为风俗习惯、价值观念和相应的社会制度各有所异，因此，文化具有明显的民族性差异。如斯宾格斯在其《西方的没落》所说的：“每一种文化都把自己的影像印在它的材料，即它的人类身上。”③

不过需要指出的是，随着人类社会不断发展与进步，人对自然环境的依赖性将逐渐降低，同时由于普遍交往的展开，文化呈现出不断融合的趋势，因此，文化的民族性差异在某种意义上将会逐渐缩小。但是，文化的分离性与积淀性会使文化的民族性差异在可预见的未来不会消失。文化的分离与融合是相互依存的，如果文化求同性占主导地位，文化的整体表现就体现为文化融合；如果文化求异性占主导地位，那么文化的整体表现就体现为文化分离。当然，任何文化的创造与发展都是其文化传统在不同时代的创新和延续。文化分离与文化融合、文化创新与文化发展，都有其现实性和基础，不可能是无中生有。从这个意义上讲，文化就是文化分离与文化融合、文化创新与文化发展的现实条件。

对差异的理解“不能理解为单纯的‘共识性关系’，而是以历史发展的

① 马克思恩格斯文集：第一卷［M］．北京：人民出版社，2009：524.
② ［美］弗朗兹·博阿斯．原始艺术［M］．上海：上海文艺出版社，1989：8.
③ ［德］奥斯瓦尔德·斯宾格勒．西方的没落：上卷［M］．北京：商务印书馆，1995：39.

时间性为坐标的‘历史性关系’”①，因此，文化还具有时代性差异。从进化状况的视角来看，文化同其他事物一样存在着“理一分殊”的规律，正是“分殊”文化系统的变异和文化的螺旋式发展——才生成今天纷繁的意义世界。“事物本身的理性在这里应当作为一种自身矛盾的东西展开，并且在自身求得自己的统一”②，文化系统也同其他事物一样是自己运动自己、自己发展自己的。在这个自组织运动过程中，在自然场域环境与社会场域环境综合作用下，特别是经济形态发展、政治权力干预、文化形态演化的作用下，以及文化间的矛盾冲突与融合，每一种文化的发展呈现出经过自我辩证否定而螺旋式发展的过程。

其实，文化的民族性差异与时代性差异是不可分割、互为前提的，两者互为联系、互为依托，又相互作用，它们是辩证的统一。首先，文化的民族性差异包含着文化的时代性差异，即文化的民族性差异不仅表现为民族文化特质的差异，还寓于文化的时代性差异之中。其次，文化的时代性差异又包含着民族性差异，既体现在同一社会制度下不同民族有着差异性的文化，如同是社会主义制度国家的苏联和中国，分属不同民族，有着差异性的民族文化，又体现在同一时代不同社会制度下不同民族有着差异性的文化。

虽说在场域环境与自身进化的共同作用下，文化是差异化生成与发展的。但对于民族历史时期的文化而言，不存在任何“特色”问题。只有当民族历史进入世界历史后，人由自发的人类性发展为自觉的人类性，人类的聚合性明显增强，与此相应，人类对一些基本价值理念和价值原则有了某些“共识”，这些“共识性”的文化理念和文化原则构成了作为关于类整体的文化的基本内容。正是在这个意义上讲，世界历史时期的文化正在呈现出某种趋同性。尽管文化的生成与发展是差异化的，且差异性是绝对的，但我们不能否认这种趋同性，只要类整体的人依然存在着。“共识性”文化的客观存在表明，现代文化之特色，已不是原初意义上的性质差异化，而是人类共识性文化理念的差异化形态。这种人类共识性文化理念的差异化形态，体现

① 陈筠泉，刘奔．哲学与文化［M］．北京：中国社会科学出版社，1996：256.

② 马克思恩格斯全集：第四十七卷［M］．北京：人民出版社，2004：8.

到具体民族国家，就构成了今天我们所理解的该民族国家的“特色”文化。

需要说明的是：第一，在这里所说的“特色”，是指同一事物或现象在不同境遇中的差异化表征，进而，我们所说的“特色”文化，也就是指文化在不同民族国家中的差异化表征。文化的“特色”是在人类共识性文化理念形成之后，或者是趋于形成时，最起码是差异化的文化有了交互活动之后才产生的新事物，是人类的共识性文化理念不断形成而民族国家价值观仍然多元化的必然结果。第二，具体到国家层面，文化的“特色”大体上指向两个方面：一是“国家特色”，即指该国家所奉行的或者所倡导的文化所具有的特色。这种特色是受该国家以前所奉行的或者所倡导的文化理念影响、制约而形成的。这种特色一般由国家政治调适机制所决定。二是“传统特色”，即指该国家传统文化被历史化开掘与现代化整合而形成的特色。这种特色是受该国家传统文化观念影响、制约而形成的。这种特色一般由社会文化传承机制所决定。第三，经由外在的政治调适机制与内在的文化传承机制的综合作用，文化也就或多或少地打下了“本国的”“传统的”烙印，“特色”在有意间得以保留、在无意间得以遗存，较之其他国家便形成了“特色”。

二、差异不是发生文化冲突的内在根据

由于差异，不同文化在相互交流过程中出现不和谐难以避免。于是，文化冲突的出现将成为一种必然。但是，文化差异只是引起文化冲突的必要条件而不是充分条件，只有与其他因素共同作用时，不同体系的文化才能处于区隔与冲突状态。

首先，文化交互活动不断增多，差异性文化相遇会发生冲突。从文化发生学的视角来看，文化的发展是自成一体的，诸文化是彼此隔绝的独立运动，这种相对独立性和封闭性使其具有不同于其他文化的内在本质和外在象征。进而言之，不同体系的文化彼此之间就存在着天然的不可逾越的鸿沟。伴随着文化交互活动，多元文化的存在必然会引起文化间的冲突。亨廷顿认为：文化的差异不仅是客观的，而且是基本的；由于交往的普遍性，差异性文化体系交往日益增多，将致文化冲突更为剧烈。事实上，在封闭的环境

里，文化还是区域文化时，冲突是无从谈起的。随着社会发展，不同文化体间的交往不断增多，封闭状态逐渐被打破，亦就使得文化的地域性和区域性不断显现，文化的群体性和民族性特征也由此形成。文化的地域性与区域性、群体性与民族性，决定着文化发展过程中的差异性与不平衡性，进而也就造成文化发展中的不断冲突与交融现象。

其次是受经济因素影响。这集中表现在两个方面：第一，“地域经济主义”增强“文化意识”。亨廷顿认为，经济现代化和社会变迁过程使人脱离地域认同，但经济地域主义正在增强；经济地域主义只有以共同的文化为基础才能成功，而经济地域主义的成功反过来又会刺激文化的增强。第二，在经济的现代化进程中，原有的经济方式由中心走向边缘，即表现为他们原先的自然经济向市场经济转型的过程中处于相对落后状况。由于这种相对落差，人们在应然和实然之间产生了相对差异感，因此客观上容易产生不满情绪而导致文化冲突。

最后是族群民族主义的存在。现代社会的不断分化打破传统的生产与生活方式，但“族群民族主义并没有伴随着政治与经济发展而枯萎。实际上，高度的政治参与与迅速扩展的 GDP 常常在给予民族主义集团新生活的同时，使得他们更加寻求发展过程中的利益”。① 结果，为了保持自身文化的纯洁性与连续性，从而产生对异质文化（不论是否先进）一体化的强烈抗拒：尽管多民族国家的中央政府力图把自己的语言和文化在尽可能广泛的意义上传输给全体国民，但这种理想在中央政府力所能及的范围之外的一些边缘地区总是难以实现……外来因素即使在构成对边缘文化自下而上的危险的同时，也作为一种刺激，促进边缘地区民族集团采取相应的集团行动来保卫传统文化和地方惯例。②

我们承认文化差异，最为关键的是要承认文化差异不应该成为产生文化

---

① Frederick L. Shiels, Ethnic Separatism and World Polities, Lanham, MD: University press of America, 1984: 17.

② 余建华. 民族主义：历史遗产与时代风云的交汇［M］. 学林出版社，1999：361 -362.

冲突的根源，相反应该成为促进人类文明进步发展的基本动力。[①] 因为“差异”表征着比较，而“冲突”体现了关系；只有当差异化的文明发生或进入一定关系的时候，这种“差异”才有可能转化为“冲突”，“冲突”也才有可能被激发。如此，文明差异只是引起文明世界冲突的必要条件而不是充分条件。也正因为这样，因差异而互鉴的意义更为重要。

事实上，当代社会，文化差异性存在和多样化发展比任何时期更加显著。然而，这仅仅是事实的一方面。另一方面，差异提供了认同产生的前提：正是在这类差异、区别与分化之中，蕴涵着认同的动力，这是文化的普世性与普适性存在的基点。所以，在文化的差异凸显、多元异质的新世纪，寻求和构建认同是文化调适的重要机制。差异是文化交互认同成为可能的前提条件，在交互认同中，文化得以完成身份确认，在身份确认中发觉自身的存在和发展的意义。因此，文化差异化发展可以促进文化自身发展和彼此借鉴互补，共同推动社会不断进步，彰显时代精神。

因其生境多元、发展多样，不同民族国家的文化不论是表现样态还是思想内质，总是差异化的。在民族历史时期，不同民族国家之间的文化差异是不同民族国家处于分离状态下的差异；在世界历史时期，由于类聚合性不断增强，不同民族国家之间的文化差异已经转化为人类命运共同体状态下的差异化形态。只要类整体的人依然存在，人类的聚合性就会客观地存在在那儿，我们不能对其否认，更不可能回到原初的分离状态。

三、文化的交流互鉴

既然文明差异共存，且在世界历史时期差异化文明体的普遍交往是历史的必然，那么必须以平等之心展开交流互鉴，而不是以自己的文化去同化、去置换、去取代。一方面，是因为每一种文明都是该民族国家在处理种际关系、国际关系、族际关系、人际关系、身心关系中的独特因应方式。这种独

① 周忠华，向大军. 文化差异·文化冲突·文化调适［J］. 吉首大学学报（社会科学版），2011（2）.

特的因应方式，对于该民族国家而言，是自足的，能够助其走向未来；凡是用同化手段来解决文化差异问题，不仅不能成功，反倒会造成文明的冲突。同时，不同的人类文明各有千秋，每一种独特的因应方式，都为人类更好地在地球上生活与发展提供了有价值的参考。另一方面，每一种文明“只有同其他文明交流互鉴、取长补短，才能保持旺盛生命活力”①。如此，在推动人类文明交流互鉴的进程中，任何一个民族国家都不可保持傲慢和偏见的心态。

人类社会中的文明是多样的、独特的、有价值的，且每一种文明又不圆满，所以在交流互鉴过程中，要能够容其他文明之短处和长处。“文明是包容的”②，这既是应然要求，更是实然诉求。如果在交往过程中一种文明总是以居高临下的态度去对待其他文明，不仅不能深刻理解其他文明的内在精神与思想，反倒会与之格格不入。只要每一种文明体都秉持着包容精神，彼此尊重，彼此调适，以协商的方式，共同应对全球性挑战，就能够消解“文明冲突”存在的条件，进而实现文明和谐。

自从人类进入世界历史时期，地球逐渐变成一个“村”，曾经是个别“家庭”、个别“家族”的问题，伴随经济全球化、社会信息化而迅速演变为“全村”问题，人类共同积极应对。而文化文明就是妥善解决全球性问题，构建人类命运共同体，促进人类社会迈向美好未来的重要力量。依文明力量而言，就是要“以文明交流超越文明隔阂、文明互鉴超越文明冲突、文明共存超越文明优越”③，实现政治互信、经济互利、人文互通、民生互惠、多边互助，共同推动人类命运共同体的构建。在此特殊的全球化背景下，中国知识分子们借“2004 文化高峰论坛”向世界表达了他们的文化主张。

一是倡导文明多样性。作者们认为：文明多样性是人类文化存有的基本形态。……主张文明对话，以减少偏见、减少敌意、消弭隔阂、消弭误解。反对排斥异质文明的狭隘民族主义，更反对以优劣论文明，或者将不同文明之间的关系形容为不可调和的冲突，甚至认为这种冲突将导致灾难性的政治

① 习近平谈治国理政：第三卷［M］. 北京：外文出版社，2020：469.
② 习近平谈治国理政：第一卷［M］. 北京：外文出版社，2018：259.
③ 习近平谈治国理政：第三卷［M］. 北京：外文出版社，2020：46.

角力和战争。①

二是主张文化多元化。作者们认为：任何国家民族都有自己文化创造、文化发展和文化选择的权利。文化多元化对于全球范围的人文生态，犹如生物多样性对于维持物种平衡那样必不可少。每个国家、民族都有权利和义务保存和发展自己的传统文化；都有权利自主选择接受、不完全接受或在某些具体领域完全不接受外来文化因素；同时也有权对人类共同面临的文化问题发表自己的意见。国家不论大小、历史不论长短、国力不论强弱，在文化交往和交流方面均享有平等权利。反对文化沙文主义和文化歧视。②

三是认为“中华文化，至今仍是全体中国人和海外华人的精神家园、情感纽带和身份认同……她不但有自强的力量，而且有兼容的气度，灵变的智慧”③。

四是认为中国文化在世界文化领域中有其独特价值。作者们认为：中华文化注重人格、注重伦理、注重利他、注重和谐的东方品格和释放着和平信息的人文精神，对于思考和消解当今世界个人至上、物欲至上、恶性竞争、掠夺性开发以及种种令人忧虑的现象，对于追求人类的安宁与幸福，必将提供重要的思想启示。④

五是认为发展中国文化应该取世界文化之精华。作者们认为：当今中国人应当与时俱进，反思自己的传统文化，学习和吸收世界各国文化的优长之处，发展中国的文化。接受自由、民主、公正、人权、法治、种族平等、国家主权等价值观。⑤

六是呼吁政府推行积极有效的文化政策。作者们认为：捍卫世界文明的多样性，理解和尊重异质文明；保护各国、各民族的文化传统；实现公平的多种文化形态的表达与传播；推行公民教育，激励国家、民族和地区间的文化交流。⑥

---

① 许嘉璐等．甲申文化宣言［N］．中国青年报，2004－09－08（B2）．
② 许嘉璐等．甲申文化宣言［N］．中国青年报，2004－09－08（B2）．
③ 许嘉璐等．甲申文化宣言［N］．中国青年报，2004－09－08（B2）．
④ 许嘉璐等．甲申文化宣言［N］．中国青年报，2004－09－08（B2）．
⑤ 许嘉璐等．甲申文化宣言［N］．中国青年报，2004－09－08（B2）．
⑥ 许嘉璐等．甲申文化宣言［N］．中国青年报，2004－09－08（B2）．

第二节　建设面向世界的文化

尽管这份宣言书由于缺少学理的分析①，有些观点经不起推敲甚至个别观点难以成立②，但是与《中国本位的文化建设宣言》《为中国文化敬告世界人士宣言》相比，虽微言，却大义，表现了坚定的文化自觉。因为同是强调本位文化建设，《中国本位的文化建设宣言》与《为中国文化敬告世界人士宣言》更多的是把中国文化本身作为建设目标，而《甲申文化宣言》却以世界文化为建设目标；同是强调对中华传统文化进行历史性开掘，但《中国本位的文化建设宣言》与《为中国文化敬告世界人士宣言》更多的是注重对中华传统文化的继承，而《甲申文化宣言》不仅要对中华传统文化进行历史性开掘，还要对中华传统文化进行创造性转化、创新性发展，以便实现其现代性阐释、普世性会通，并以此来筹划当今世界文化的差异共存。正如作者们所说的，我们既：反思自己的传统文化，学习和吸收世界各国文化的优长，以发展中国的文化。③

也确信：中华文化注重人格、注重伦理、注重利他、注重和谐的东方品格和释放着和平信息的人文精神，对于思考和消解当今世界个人至上、物欲至上、恶性竞争、掠夺性开发以及种种令人忧虑的现象，对于追求人类的安宁与幸福，必将提供重要的思想启示。④

可以说，这份宣言书不仅仅反映了新全球化时代中国文化的自我认知，也不仅仅反映了中国文化在世界文明格局与民族文化丛林中某些要求，更主要是反映了新全球化时代中国知识分子的文化自觉意识的觉醒和文化自信心的增强。因为《甲申文化宣言》宣告把中国文化放在人类文明之中、把中国

---

① 顾乃忠．评《甲申文化宣言》的学理基础［J］．南京大学学报（哲学·人文科学·社会科学版），2006（1）；顾乃忠．再评《甲申文化宣言》的学理基础［J］．江苏行政学院学报，2006（4）．

② 袁伟时．评《甲申文化宣言》［N］．南方都市报，2004－09－21（04）．

③ 许嘉璐等．甲申文化宣言［N］．中国青年报，2004－09－08（B2）．

④ 许嘉璐等．甲申文化宣言［N］．中国青年报，2004－09－08（B2）．

文化的本位建设由群体性提升到类性，即由民族文化提升到人类文化。这是自鸦片战争以来，第一次把中国文化与世界文化放在对等的位置上，作出了最为自觉的表达。

一、促进民族文化的现代化

全球化、现代化、现代性、文化自觉、文化认同是21世纪人类“文化性生存”境遇的实质性表征。这就意味着，中国文化迈向现代化，必须持一种反思、批判的立场，即中国文化的现代化究竟是什么样的现代化？其合理性又何在？它启示我们务必认真思索：中国文化的现代化究竟是遵照某种型相的设定以求化解生存境遇，还是现代化本身切近生存境遇以求文化创新真义？这个问题的焦点在于我们用以何种文化心态对待多元文化之真实：是参与全球，还是闭关自守？是被动的卷入，还是主动的迎合？是迷恋传统西方的现代性，还是彰显民族文化的认同性？

透过作者们的呼吁，我们似乎能读出当代中国知识分子对中国文化面对现代性与全球化之可能走向的担忧：现代化而非西化。从《甲申文化宣言》中读出的问题是：在历史与现实的经纬中，我们处在什么样的文化境遇？历史的坐标会将我们中国的文化引向何处？我们应该建构什么样的文化才是属于中国的文化？可见，《甲申文化宣言》的主旨是寻找那已经缺失了的中国的文化身份，即以什么样的、可能的文化姿态和文化精神支撑这个民族的身躯，作者们所阐释的中国文化的发展路向，所坚守的价值准则，正是对于中国现代化特质和方向不能唯西是从的基本价值的坚守。

作者们指出：我们应当与时俱进，反思自己的传统文化，学习和吸收世界各国文化的优长，以发展中国的文化。我们接受自由、民主、公正、人权、法治、种族平等、国家主权等价值观。①

在此，作者们很明确地指出了，中华文明要现代化，要融入全球化这个大潮流中，必须要吸收国外的优秀文化以更好发展中国文化。中国文化现代

① 许嘉璐等．甲申文化宣言［N］．中国青年报，2004－09－08（B2）．

化的过程，其实际就是一个“扬弃”的过程，发扬传统文化中优秀的部分，摈弃其跟不上时代潮流的糟糠。现在我们也正如《甲申文化宣言》中所说的一样，我们接受国外优秀的价值观。比如我们现在一贯倡导的男女平等、种族平等，我们呼吁自由、民主、公正、法治，保障人权。这些优秀的价值观已经融入我们生活的方方面面。传统思想中的男尊女卑、官僚主义、皇权至上等糟粕观念，早已经被时代所遗弃。我们在推动中国文化现代化进程中，努力地将中国文化融入文化全球化的大潮流中。虽是如此，我们也不能将西方文化照搬照抄过来，这在历史上已经证明过是行不通的，这也就是为什么会有了马克思主义中国化、中国特色社会主义道路等具有中国特色的路径的出现。

我们鼓励吸收国外优秀文化，我们反对照搬西方文化，在中国文化现代化进程中，我们更要守住文化的“根”，不然我们吸收的国外文化，反而就成了文化入侵的帮凶。我们在生活中已经可以看到国外的圣诞节、情人节等西方传统节日盛行，甚至有取代中国文化中类似的春节、七夕节的气象，其他诸如此类的现象比比皆是。正是如此，我们才不能屈服，不能助长这种西化的气焰。在近代社会西方文化的人力冲击下，有些人开始盲目地学习西方文明，全面否定中国传统文化，要求全盘西化。同时保守人士也故步自封，全面否定西方文化，盲目地坚持中国传统文化。《甲申文化宣言》正是基于这种背景下，指明了中国文化正确的发展道路，找到了中华文明复兴的出路。

作者们指出：“华夏56个民族共同创造的中华文化，至今仍是全体中国人和海外华人的精神家园、情感纽带和身份认同。”任何时代的文化，都离不开对传统文化的继承；任何形式的文化，都不可能摒弃传统文化而从头开始。文化是一个民族长期发展的基石，也是一个民族赖以生存的重要标志。文化在历史长河中经过千锤百炼沉淀下来，对于我们的生存和发展有重要的作用。正如习近平总书记指出：中华文化积淀着中华民族最深沉的精神追求，是中华民族生生不息、发展壮大的丰厚滋养。①

① 习近平谈治国理政：第一卷［M］．北京：外文出版社，2018：155.

我们在追求中国文化现代化的过程中，要以中国特色社会主义文化为核心，并吸收西方优秀文化。

二、保持民族精神的独立性

近年来，多位国内学者对此发表观点。舒刚认为中华民族精神独立性就是“不能以西方标准为标准，不能丧失自己的精神判断标准”，看任何问题要从本民族角度分析，不盲目跟风，按自己判断行事。① 张胥、蔡诗敏认为“中华民族精神的独立性就是指作为‘中华民族’的民族精神存在的‘独特性’与发展的‘自主性’”②。冯秀军、王晨认为民族精神独立性就是一个民族在生存和发展实践中独立自主地认识、评判和解决问题。③ 朱培霞、代玉启认为民族精神独立性就是“在如何认识世界上有自己独特的思维方式，在如何评价世界上有自己独特的价值立场，在如何应对世界上有自己独特的方法路径”④。

综观学界观点，我们认为，中华民族精神独立性即中华民族精神保持自我立场，在看待问题、分析问题、解决问题时有自成体系的本民族判断标准，不人云亦云，不亦步亦趋，更不依附于其他判断标准，其实质就是中华民族精神的存在与发展不受他国他民族干扰，具有自主性、民族性、独特性。

在当前文化全球化的潮流趋势之下，各国、各民族文化和价值观相互交流、交融、交锋，其中一些错误思潮，如历史虚无主义、文化消费主义、西方“普世价值观”等借助日益紧密的国际交流局势，隐秘地渗透进了各国的精神文化体系和国民价值观中，造成国民的崇洋媚外、唯洋是从、贬低本国优秀传统文化等，文化发展和民族精神弘扬遭遇严重危害和曲折。当下，如

① 舒刚．要坚守中华民族的精神独立性［N］．山西日报，2014－04－09（A1）．

② 张胥，蔡诗敏．中国文化是保持中华民族精神独立性的重要支撑［J］．新疆大学学报（哲学·人文社会科学版），2018（04）．

③ 冯秀军，王晨．中华民族精神独立性的沉寂与觉醒——以五四运动为界分的考察［J］．思想理论教育导刊，2020（08）．

④ 朱培霞，代玉启．新时代大国新人精神独立性探析［J］．云梦学刊，2018（05）．

何实现中华民族伟大复兴和中华民族精神复兴，必须从保持中华民族文化的主体性和中华民族精神的独立性上着手，重视这个根本与前提。

实现中华民族伟大复兴、保持中华民族精神独立性在当前的时空视域下，与孤立、保守、排外的狭隘民族主义并不属于同一概念逻辑。前者着重于解决应对西方普世价值、全球性价值观和西方强势民族文化对中华优秀文化以及中华民族精神的侵蚀、消解、弱化等问题，后者则侧重于关注本民族暂时、局部的利益，惧怕先进事物、拒绝与外部事物交流，维护本民族中某些落后消极的因素而阻碍本民族的发展与进步，因此两者完全属于不同领域。

如何在多民族多元文化交流中保持本民族精神的健康独立发展，强化巩固中华民族精神体系内的优秀价值观，在生存与发展的挑战中找寻保持其自身独立、实现自身繁荣的出路，必须防止陷入狭隘的民族主义漩涡。在这里，独立不代表“孤立”，保持也不意味着“保守”，现今各民族、各国家的文化已经广泛交流交融，绝不可能有一种完全纯粹的民族文化存在，每一个民族的文化都是与他族文化相互交流借鉴的结果。中国文化在历史发展的过程中，通过汉族与少数民族文化特色的逐步融合，形成了丰富多彩且具有民族特色的中国文化，成为56族人民共同的思想基础。随着时代的发展和实践的需要，发展本民族精神势必要批判继承、推陈出新，不能关起门来搞建设，也不能死守几种固有的精神文化，这也就意味着绝不可能在发展与生存中变成孤立、保守、排他。特别是在现当代，民族国家间的国际壁垒已经被打破，民族历史转变为世界历史，各国各民族间的精神文化交流已经成为常态，甚至作为历史发展趋势被人们普遍所接纳。

因此，保持中华民族精神独立性，从某种意义上来说，更像是保持人类文化多样性并使其健康发展的需要和中华民族自信、自立、自强的彰显。避免在多元文化交流中沦为西方强势国家附庸的最好办法就是在文化交流中挺立民族立场，从国民心中树立民族精神独立意识，在自觉维护本民族精神独立性基础上与世界其他民族文化平等交流，取其精华、去其糟粕，在交流互鉴中促进本民族文化繁荣与精神强盛，实现本国文化软实力持续稳步提升，在民族立场上增强文化自信，实现文化自立、自强。

《甲申文化宣言》始终坚信中华民族精神不但有自强的力量，而且有兼容的气度、灵变的智慧，相信中华民族精神能够帮助思考和消解当今世界令人忧虑的现象，对于追求人类的安宁与幸福，将提供重要的思想启示。有学者说到这是对自身文化的盲目自信，这是在盲目夸大中国文化的作用，这是不符合实际的。我们认为《甲申文化宣言》这正是对于中华民族精神充满了自信，当今世界，儒家文化在世界上广为传播，孔子学院遍布全球，世界上各地学习汉语的外国人都在增加，这正是中华优秀文化在全球遍地开花的结果。

在追求中国文化现代化的过程中，我们更要坚定民族文化自信的立场，中国不能缺失了对民族文化的自信，不能缺失民族精神的独立性。民族精神是我们抵御西方霸权主义，抵御文化入侵的坚韧防线。作者们强调：我们主张每个国家、民族都有权利和义务保存和发展自己的传统文化；都有权利自主选择接受、不完全接受或在某些具体领域完全不接受外来文化因素。①

有学者将其解读为过分的保守与不思进取，我们认为《甲申文化宣言》在此表达的不过是我们可以自主吸收外来文化中的优秀部分以充实本土文化，而我们所要完全不接受的是外来的霸权主义气息和文化侵占，这不仅有助于我们保持民族精神的独立性，更能助力推动中国文化现代化进程。我们的民族精神来源于绵延几千年的中华文明，它根植于中国文化的沃土。中华民族精神是中华民族区别于其他民族的独特标识，是中华儿女的独特的精神世界，是中华儿女不可分离的精神家园。有了它，炎黄子孙的信念就有了安身立命之所，就算是身在海外的中华儿女也有了精神的归宿。

三、坚持文化建设的主体性

作者们通过对“中华文化注重人格、注重伦理、注重利他、注重和谐的东方品格和释放着和平信息的人文精神”的强调，突出其对于思考和消解当今世界个人至上、物欲至上、恶性竞争、掠夺性开发等不良现象的价值所

① 许嘉璐等．甲申文化宣言［N］．中国青年报，2004－09－08（B2）．

在，突出对民族文化价值的信念。可以说，这是通过“释中”而“会西”，进而挺立民族文化自信立场。建设现代化的中国，应当挺立民族精神层面的自我，坚持文化建设的主体性。

主体性在时间上就是与时俱进、推陈出新，即在继承中创新、在创新中发展，契合时代发展要求。最根本的路径在于对中华民族传统文化进行历史性挖掘和现代性阐释，以此促进传统文化的普适性融合与现代化发展，实现中国文化与世界各国、各民族文化的平等对话，突出中国文化与价值观在世界中的地位而不是世界文化与价值观在中国的地位。

实现中华传统文化上的推陈出新，我们可以融合现代化信息技术，利用“互联网 +”平台，使传统文化脱离其老旧的循规模式，从内容和形式上活起来。充分发挥互联网平台覆盖广、扩散快、影响大的优势，传播好传统文化，将其重新组合包装，融合网络化发展特点，并汇入网络化数据化时代化的新颖元素，使其插上网络腾飞的翅膀，借助新型载体，在日常运用中使更多的人接受网络的涵养与熏陶。

同时，还要转变过去传承传统文化大多以说教、灌输为主的被动方式，通过引人入胜、人民群众喜闻乐见的方式，推动传统优秀文化落地基层、根植于心。在线上与线下、虚拟与现实的多种方式运用下，让中华优秀传统文化动起来、活起来，潜移默化地熔铸于人民的物质生活和精神生活中，影响人们的一言一行。并结合时代发展要求，赋予其新的时代内涵，在内容与形式上和当代社会背景、文化潮流、新型文化元素相结合、相适应，能够始终跟随时代步伐、把握时代脉搏、预测时代发展趋势。具体而言，就是要在取其精华、去其糟粕，继承和发扬优秀传统文化基础上，融入时代因素，将社会主义核心价值观与中华优秀传统文化相结合，增强其生命力、永葆其生机活力，使其成为推动社会发展与文明进步的重要精神动力与精神支撑。

主体性在空间上就是交流互鉴、吸纳一切文明成果。现今，多元文化倾向于更加普惠包容、符合全民共识、契合时代潮流的发展趋势，以文塑神成为主流。在保持世界多元文化多样性发展的同时，人类生存发展环境的风险与挑战也日渐增多，人类站在生存与发展制高点的同时也意味着人类生活之间的关联前所未有之密切，在精神文化领域就要求我们抛弃封闭对垒的文化冲突观念，在文化竞争与交流中具备全球性视野和开放型眼光，树立“封闭导致落后，开放促使进步”意识。

人类文明因多样才具有交流互鉴的价值，因平等才具备交流互鉴的前提，因包容才具有交流互鉴的动力。进入新时代后，中国面向世界开放的大门越开越大，各国只有坚持扩大开放、交流互鉴的理念，才能实现中外文明在开放中发展、在交融中共存，实现交流互鉴基础上的竞争与合作。因此，文化自立的空间视域要求我们对待文化的正确态度应是以我为主、为我所用，合理鉴别、甄别吸收，既不能排斥其他民族优秀文化，妄自尊大、封闭自守，又不能失去民族特性，唯洋是从、全盘西化。

在国际多元文化交流碰撞中，我们要保持对本民族文化的定力、耐力、信力，坚守本民族文化特性，捍卫中华民族精神独立性，防止潜移默化的“去历史化”“去中国化”倾向，要在文化立场上坚决抵制内外互联中诋毁、贬低、污蔑、抹黑本民族文化的行为，坚决反对文化虚无主义、文化封闭主义与文化保守主义。只有保持中华民族文化立场，才能在中外文化交流竞争中实现真正意义上的文化自觉、文化自信、文化自立、文化自强。同时，坚守并不意味着保守；对于外来文化，我们的基本立场是兼收并蓄。中华文明是在同其他文明交流互鉴中充实自己、发展自己而形成的文明，一部繁荣的中外文化交流史，既是其开放包容的证明，也是其创造力、凝聚力和生命力的体现。只有在破除本土文化的局限上，推动不同文化交流中察彼知己，取长补短，才能实现中国文化的创新发展，为世界文化繁荣和民族文化进步作出中国贡献。

总体而言，我们只有在文化交流中具备警惕、消除、防范、化解潜在文化风险和外来文化冲击的能力，才能在防御外来不良文化对社会主义主流文化侵袭，使本国文化发展路径与远景迈上一个新台阶，进一步推动文化体制机制的改革创新，提升中国文化在国际上的影响力和竞争力，保持其独立自主的主体性地位。只有保证自身文化发展的独立自主立场，才能进行有效的文化创新与发展，开拓国际文化市场，发展文化事业与文化产业，创新文化“走出去”模式，以具有中华民族特色的文化产品赢得国家市场和各国人民的青睐，从而在不断提高文化软实力的过程中，从根本上切实维护国家文化安全，保持自身民族精神独立性和民族文化的独立发展。

当然，保持民族精神独立性，不是一次性的出场，而是要“不断出场”以实现“永恒在场”。不过在实现中华民族文化建设的不断出场、永恒在场中，应将西方文化的现代精神的合理成分融入本国现代文化精神建构内，思考民族文化的时代有效性、发展进步性，构建理性、严谨、有效的文化建设方略，通过中华优秀文化在世界民族文化体系中不断出场，增强中华优秀文化的影响力与竞争力，从而在此基础上，保持在人类文明进程中的不断在场。

第七章　确信的而非过度的：文化自信的深层彰显

——以中国共产党十九大政治报告为考察中心

“为何建设文化、建设什么样的文化、怎样建设文化”是一个融过去、现在和未来于一体的动态命题，它是问题，是过程，也是答案。自成立之日起，党“总是以思想文化上的觉醒和觉悟，来把握前进方向、凝聚奋斗力量、推动事业发展”①。党的十八大以来，以习近平同志为核心的党中央高度重视文化建设工作在坚持和发展中国特色社会主义战略全局中的地位和作用，全面加强党对文化建设工作的领导，提出了一系新理念新思想新观点，创造性地回答了“为何建设文化、建设什么样的文化、怎样建设文化”等基本问题，特别是党的十九大政治报告指出，“没有高度的文化自信，没有文化的繁荣兴盛，就没有中华民族伟大复兴”②，并要求从“牢牢掌握意识形态工作领导权”“培育和践行社会主义核心价值观”“加强思想道德建设”“繁荣发展社会主义文艺”“推动文化事业和文化产业发展”等方面推动社会主义文化繁荣兴盛③。这些论述极大丰富和发展了党的文化建设理论，为

---

① 云杉．文化自觉　文化自信　文化自强——对繁荣发展中国特色社会主义文化的思考：上［J］．红旗文稿，2010（15）．

② 习近平谈治国理政：第三卷［M］．北京：外文出版社，2020：32.

③ 习近平谈治国理政：第三卷［M］．北京：外文出版社，2020：32－35.

做好新时代文化建设工作提供了根本遵循和行动指南。

第一节　新时代的文化境遇

新时代，文化是社会舞台的主角，位居中心。把握文化发展的时代境遇是文化发展的要求，因为“任何超越现实、超越阶段而急于求成的倾向都要努力避免，任何落后于实际、无视深刻变化着的客观事实而因循守旧、固步自封的观念和做法都要坚决纠正”①。

一、夯实民族复兴的人文基础

建设新时代中国特色社会主义文化，以夯实民族复兴与构建人类命运共同体的人文基础为旨归。

文化复兴是民族复兴的前提条件。党的十八大以来，党始终把握先进文化的前进方向。一个民族、一个国家的文化朝着什么方向发展，事关这个民族的凝聚力和向心力，事关这个国家的长治久安。而文化的演化是意识形态、制度规范和行为方式三者协同作用的结果。其中，“意识形态决定文化前进方向和发展道路”②。把握前进方向主要就是用主流意识形态引领中国特色社会主义文化建设与发展。在当前，民族主义、生态主义、泛娱乐主义、消费主义、个人主义、文化保守主义、实用主义等非马克思主义思潮活跃于思想文化领域，不论是网上还网下，都能看到它们对受众心灵的污染，进而侵蚀着实现中华民族伟大复兴的思想基础。为此，各级党委必须坚决落实意识形态工作责任制，牢牢掌握意识形态工作的领导权、管理权、话语权，所有工作者务必树立起党性与人民性相统一的立场，坚持正面宣传与舆论斗争相结合的方针，创新理念、手段和基层工作，于内“巩固马克思主义

① 习近平谈治国理政：第一卷［M］. 北京：外文出版社，2018：26.

② 习近平谈治国理政：第三卷［M］. 北京：外文出版社，2020：32.

在意识形态领域的指导地位，巩固全党全国人民团结奋斗的共同思想基础"①，于外"讲述好中国故事，传播好中国声音"②。在内外结合的基础上推动中国特色社会主义文化向前发展。

党始终用文化凝聚奋斗力量。人类历史的发展经验反复证明，只有用文化来凝聚共识、消除分歧，才能在这个民族、这个国家形成更深沉、更持久、更能触动人心的向心力和认同感。人的利益和观念总是多元多样的，但差异不仅不应成为导致矛盾的根据，相反应该成为解决问题、促进发展的必要条件。在过去，党用文化凝聚奋斗力量，带领人民取得了新民主主义革命的胜利、社会主义建设与改革的成功。如今，也必须用文化凝聚奋斗力量，把党内外、国内外一切积极力量都充分调动起来，实现中华民族伟大复兴。现在，中国社会结构正处在深刻变动之中，社会的利益格局也处在深刻调整之中，进而人们的思想观念也深受影响、处于深刻变化之中，如此，兼顾各方利益的任务更艰巨，凝聚共识的难度更加大。但是，"越是思想认识不统一就越要善于寻求最大公约数"③。尽管人们的思想有差异、党内外意见有差异、国内外认识不一致，不过，同一存在于差异之中；同一与差异相生。问题只是在于，实践主体能否在差异中找到可能的共识，以及如何通过主体的努力把可能的共识扩大到何种程度与范围。

党始终用文化推动事业发展。文化是一个民族的精气神，是一个国家实现自立、自信、自强的精神力量，也是推动社会事业发展的重要条件和手段。中华文明的每一次跃升，无不伴随着中华文化的历史性进步；中华民族的强盛、新中国从站起来到强起来，无不以文化的兴盛为支撑。因此，一个民族、一个国家的发展，不能停留在满足人民群众物质生活需要这个层面上，只有民族的"精神大厦"同"物质大厦"一样巍然耸立，国家的精神力量同物质力量一样不断增强，民众的精神生活同物质生活一样丰富多彩，

① 中共中央文献研究室．习近平关于社会主义文化建设论述摘编［M］．北京：中央文献出版社，2017：22.

② 中共中央文献研究室．习近平关于社会主义文化建设论述摘编［M］．北京：中央文献出版社，2017：206.

③ 中共中央文献研究室．习近平关于全面深化改革论述摘编［M］．北京：中央文献出版社，2014：46.

中国特色社会主义事业才能顺利向前推进。当下，中华儿女正在为实现民族伟大复兴而奋斗，在此征程中，需要进行许多具有新的历史特点的伟大斗争，进而需要文化凝聚全民族的精气神，易言之，“中华民族伟大复兴需要以中华文化发展繁荣为条件”①。

二、牢握意识形态工作领导权

意识形态是文化的核心，并决定文化前进方向。作为执政党，中国共产党除了健全意识形态工作领导制度外，推动意识形态守正创新，实现思想建党、理论强党。马克思主义作为立党立国的根本指导思想，无论时代如何变迁、社会如何发展，我们都必须坚定马克思主义信仰，必须巩固全党全国人民团结奋斗的这一共同思想基础。但马克思主义不是封闭僵化的，而是一个开放的理论体系，必须把坚持马克思主义基本立场、观点、方法和在新的实践中发展马克思主义统一起来，并用党的创新理论凝心聚魂，补足共产党人精神上的“钙”。

任何社会都需要意识形态，“国无精神则不强”②。而价值观念多元多样多变的情况，使得我国社会意识形态领域面临着挑战。如此，必须通过构筑中国精神、中国价值、中国力量来形塑国家意识形态。经过多年的实践，我们以马克思主义为立党立国的指导思想，已经建立起一个在全党上下、全国上下、全军上下、全网上下被广泛认同的意识形态理论体系，使马克思主义在我国社会意识形态领域中始终占据着主导地位。

在信息时代，网络化、数字化是社会的基本特征，而网络空间则是网民进行社会交往的新渠道、展开思想交流的新家园。人在哪儿，意识形态工作的重点就应该放在哪儿。当前，网络空间已成为我们与西方敌对势力争夺意识形态领导权的新场域和主战场。因此，必须“加强网络内容建设，做强网

① 中共中央文献研究室．习近平关于社会主义文化建设论述摘编［M］．北京：中央文献出版社，2017：3.

② 中共中央文献研究室．习近平关于社会主义文化建设论述摘编［M］．北京：中央文献出版社，2017：13.

上正面宣传，培育积极健康、向上向善的网络文化”①，必须深入开展网络舆论斗争，“形成良好网上舆论氛围”②，牢牢占领意识形态斗争的新场域和主战场。

开展意识形态工作还要统筹兼顾国内国际两个大局，因为国内外各种敌对势力，一方面别有用心地发出“淡化意识形态”“意识形态终结”等论调，另一方面，换着花样地抛出“中国威胁论”“中国崩溃论”“中国锐实力”“唱衰中国论”。如此，必须高扬科学社会主义旗帜，主动宣介新时代中国特色社会主义思想，主动讲好中国共产党治国理政的故事、中国人民奋斗圆梦的故事、中国坚持和平发展合作共赢的故事；必须增强意识形态国际话语魅力，“打造易于为国际社会所理解和接受的新概念、新范畴、新表述”③，“努力传播当代中国价值观念”④。

三、培育和践行核心价值观

文化的核心是价值观。培育和践行核心价值观，旨在“凝魂聚气、强基固本”。所谓“凝魂聚气”，就是指通过核心价值观的培育，以凝聚国人的精气神，以净化国人的思想灵魂；所谓“强基固本”，就是指通过核心价值观的培育，打牢国人精神家园的地基，国人安身立命的精神支柱。过去一些年，“一些人价值观缺失，观念没有善恶，行为没有底线……种种问题病根都在这里”⑤。而且当代中国正处于一个深刻变革期、深度转型期，正在转型为一个现代社会主义国家，如此，在思想文化领域遭遇着前现代价值观念、现代价值观念以及后现代价值观念的共时性出场。基于这些状况，培育

① 中共中央文献研究室．习近平关于社会主义文化建设论述摘编［M］．北京：中央文献出版社，2017：50.

② 习近平谈治国理政：第二卷［M］．北京：外文出版社，2017：337.

③ 中共中央文献研究室．习近平关于社会主义文化建设论述摘编［M］．北京：中央文献出版社，2017：90.

④ 习近平谈治国理政：第一卷［M］．北京：外文出版社，2018：161.

⑤ 中共中央文献研究室．习近平关于社会主义文化建设论述摘编［M］．北京：中央文献出版社，2017：8.

和践行核心价值观，不仅仅是为了化解价值信仰缺位、树立正确价值观念，还承载着在思想文化领域重构社会价值秩序的使命。通过社会价值秩序的重构，告诉国人“国之旋律”“众之航标”“己之操守”分别以什么为取向，以应对各类价值困境并消除造成精神空虚、道德沦丧、行为失范等问题的病根，进而主导和引领多元价值观，铸好国人的精神家园，也使国家的发展有了更好的精神风貌。

培育和践行社会主义核心价值观，旨在消解群众对“普世价值”的盲从。在全球化背景下，多元文化交往交流也交锋，这已经是常态。但我们不能在多元价值观念的激荡中失去自我，成为别人的应声虫，否则就没有了价值观自信，而是变成价值观他信。近些年来，不少人被“普世价值”论所迷惑、所俘虏。他们不明白西方势力以越来越抽象、越来越具有普遍性的形式把代表资本主义核心价值观的地方性知识给遮蔽了。看似“普世”，实为“特殊”。如果社会民众不能秉持本民族的价值观念，而是为“普世价值”马首是瞻，那就会失去自己的精神独立性了；如果社会民众有相当一部分失去了精神独立性，那这个民族、这个国家也就失去了精神独立性；如果这个民族、这个国家没有了精神独立性，那其他方面的独立性也就被釜底抽薪了。唯有培育和践行社会主义核心价值观，切实增强价值观自信，才能实现我们的精神自立。

培育和践行社会主义核心价值观，旨在构建中国价值话语体系。当人类进入世界历史时，类的聚合性在不断增强，对一些基本价值理念和价值原则有了某种程度上的“共识”。因此，世界历史条件下的价值差异绝不是原初意义上的性质差异化，而是人类共识性价值观念不断生成，而民族国家价值观仍然多元化的必然结果。我们培育和践行的社会主义核心价值观，具有社会主义性质、具有中国特色，这是客观事实，但它更是具有解答问题的世界意义。当承载主体具备了“去地域化”与“再地域化”的现实力量，经挑战而由“特殊主义”位置上升到“普遍主义”位置。培育和践行社会主义核心价值观本身就是构建“理论中的中国”[①] 的重要一环。

四、推进文化治理现代化

推进文化治理现代化，是新时代实现文化大发展大繁荣的新坐标和新任务。推进文化治理现代化，关键是走中国特色治理之路。世界各国都在追求包括治理现代化在内的现代化发展，但选择正确的现代化发展道路最为关键。所谓“正确”，在这里是指必须符合本国国情，从本国的现实条件出发。如此，现代化就不能固化为一种模式。历史已经证明、现实正在证明、未来继续证明：“中国的事情必须按照中国的特点、中国的实际来办，这是解决中国所有问题的正确之道。”[②] 推进我国文化治理现代化，其正确之道就是坚持阵地与市场相一致，市场即为阵地；坚持意识形态属性主导产业属性，繁荣文化事业、发展文化产业必须沿着社会主义先进文化的前进方向；坚持社会效益放在首位。“无论改什么、怎么改，导向不能改，阵地不能丢”。[③]

推进文化治理现代化，重点是聚焦国家文化治理体系和能力的现代化。国家文化治理现代化既要全面展开，又要重点推进，体系和能力的现代化则为纲目。国家文化治理体系的现代化包括但不限于治理观念、治理制度、治理机制和治理技术等形式与领域的现代化；国家文化治理能力的现代化主要包括文化产品创作生产能力、理论知识生产能力和全球话语沟通能力等形式与领域的现代化。具体说来，于治理制度，就是完善和发展中国特色社会主义文化制度；于治理机制，就是要“建立健全现代公共文化服务体系、现代文化市场体系”[④]；于治理技术，就是要加快建设文化空间，优化文化组织孵化技术、文化传习技术和内容展示技术等；于治理能力，除了要不断提升

① 中共中央文献研究室．习近平关于社会主义文化建设论述摘编［M］．北京：中央文献出版社，2017：214.

② 习近平谈治国理政：第二卷［M］．北京：外文出版社，2017：13.

③ 中共中央文献研究室．习近平关于社会主义文化建设论述摘编［M］．北京：中央文献出版社，2017：185.

④ 中共中央文献研究室．习近平关于社会主义文化建设论述摘编［M］．北京：中央文献出版社，2017：204.

治理主体的核心素养之外，更为重要的是实现治理均衡优势与治理比较优势。

推进文化治理现代化，根本是完善和发展中国特色社会主义文化制度。中共十九届四中全会明确了推进文化治理现代化的制度之维。一是坚持马克思主义在意识形态领域指导地位的根本制度。作为立党立国之本的马克思主义，对党和国家的事业起着指导作用。坚持了这一根本制度，其他制度才有了依托，有了灵魂，有了方向。二是坚持以核心价值观引领先进文化建设的制度。作为兴国之魂的核心价值观是社会主义先进文化之核，是中国特色社会主义的价值表达。坚持了这一基本制度，便确立起了社会主义文化的性质和方向。三是健全人民文化权益保障制度，完善坚持正确导向的舆论引导工作机制，建立健全把社会效益放在首位，社会效益和经济效益相统一的文化创作生产体制机制。这些重要制度贯穿于公共文化服务体系、文化产业体系、中华优秀文化传承体系和对外文化交流体系之中，使国家文化治理得以落实落细落小。

推进文化治理现代化，路径是加强法治建设。保障人民群众的文化权，必须通过立法形式把多元主体一并纳入文化治理活动中，既可以保证文化资源的科学统筹与管理，又能够满足人民群众对美好文化生活的向往。从文化资源保护与管理来看，近些年，国家先后出台了《文物保护法》《非物质文化遗产法》等；从文化资源服务来看，近些年，国家先后出台了《旅游法》《电影产业促进法》《公共文化服务保障法》《公共图书馆法》等。这些法律的出台，表征推进我国文化治理现代化拥有更为坚实的法律依托。

第二节　坚定文化自信

党的十九大政治报告提出：没有高度的文化自信，没有文化的繁荣兴盛，就没有中华民族伟大复兴。要坚持中国特色社会主义文化发展道路，激发全民族文化创新创造活力，建设社会主义文化强国。中国特色社会主义文化，源自中华民族五千多年文明历史所孕育的中华优秀传统文化，熔铸于党领导人民在革命、建设、改革中创造的革命文化和社会主义先进文化，植根于中国特色社会主义伟大实践。①

因此，中华优秀传统文化、革命文化和社会主义先进文化是当代中国人认识自己的基点，是文化“自觉”的实质内容，同时，其也是作为集体的中国人在世界舞台上不可抹去的身份烙印，是国际社会理解中国人“他觉”的文化标识，理应成为文化自信生成的重要源泉。坚定新时代文化自信，就是要坚定中华优秀传统文化自信、革命文化自信和社会主义先进文化自信及对其虚无主义展开批判。

一、坚定中华优秀传统文化自信

文化是一个民族的血脉，是每一个族民的精神家园。中华文化源远流长，且有独一无二的理念、智慧、气度、神韵。作为历史虚无主义和文化虚无主义双重“缩减亚类型”的传统文化虚无主义，严重偏离文化反思的轨道，不仅否定传统文化对社会发展的价值，还否认其现代转化的可能，成为削弱文化软实力、摧毁族民精神家园的锐利武器。我们必须正视其危害性，坚定中华优秀传统文化自信，重视优秀传统文化对于建设中国特色社会主义的价值和意义。

传统文化的“传统”不是编年史意义上的“过去”，而是“整体性的存在意义”上的人的最基本的存在方式。如此，传统文化不是“传统的”文化，不是“过去的”文化，而是一个民族国家在长期演进过程中所生成的具有超稳定性和相对独立性的精神内容的存在方式。这种超稳定性既源于文化存在着生态性的复制，又源于以其特有的符号象征功能对人的差异化的获得性角色提出符号导向，以提示和确认个体各自在社会中的权利和义务。如此，人类接受知识的过程就是在接受传统文化的安排。尽管人类“此时此刻”正在创生文化，并正在践行“新”文化，但“新”文化仍然只是历史长河的一个截面，在随后的发展进程中，同曾经的“新”文化一样纳入

① 习近平谈治国理政：第三卷［M］. 北京：外文出版社，2020：32.

“传统”。但不管怎样，经验与知识在历史进程中被反复塑造。正是从这个意义上讲，与传统文化盲目决裂不仅不可以，而且不可能。人们创生“新”文化必须以正视传统文化的存在为前提，认识之、依据之、扬弃之，而不是否定之、虚无之。而相对独立性使其所处的生境发生了一定变化，也能顽强地维持自身的存在。虽然说过“要同传统的观念实行最彻底的决裂”，但“决裂”的确切含义是指扬弃，是破旧立新，是“在传统的范围以内打破传统”；进言之，“决裂”意味着继承。

一个民族国家若是抛弃了“整体性的存在意义”上的传统文化，即意味着割断了本民族、本国家的精神命脉。这样做，不仅不能实现本民族国家在文化上的现代化，反倒是会使之在现代化中被消解；不仅不能让本民族国家赢得他者的崇敬，反倒会使其古老文明不复存在。倘若是传承文化精神，并使传承本身也成为传统，不仅可以凝聚这个民族国家，赢得他者的景仰，更是为人类文明宝库增添了成果。

传统文化虚无主义危害的本质在于通过去历史化、去民族化达到使中华民族丧失民族独立性的目的。对此，必须应予坚决地抵制和批判，一点儿也不能犹豫。

一是以再中国化驳斥去中国化。中华民族以独一无二的理念、智慧创造独一无二的中华文化，不仅在人类数千年的历史进程中始终没有泯灭，反而在世界上闻名遐迩并推崇备至。通过“再中国化”，即在坚持“中国立场”与“中国视域”，聚焦“中国问题”的基础上，通过优秀传统文化的历史性开掘、现代性阐释、普世性融合，实现中国特色社会主义文化从特殊性经挑战而转化为普遍性的，走出亚洲、关照世界。

二是以再历史化驳斥去历史化。历史是对待任何事物的基础，事物本身与事物的历史合二为一，不可分割。如果人们不了解当年的社会存在对传统文化的塑造，更不了解传统文化对当年社会存在的反映，那么几乎没有任何重要的文化议题能够得到理解，更别说去解决那些令人困扰的文化问题了。通过“再历史化”，关注传统文化发展的客观规律性，客观评价其历史价值与当代价值。

三是以再文化化驳斥去价值化。中华优秀传统文化不仅塑造了中华儿女于家为国之家国情怀、贵和尚中之处理理念、自强不息之奋斗精神、崇德重义之道德境界、天下大同之社会理想等，更为主要的是把这些理念、精神、情怀、意识、境界、理想化零为整建构成为中华民族的价值体系，是民族精神的“脊梁”，保持了中华民族精神独立性。通过“再文化化”，即经过创新性转化和创造性发展，实现传统文化与社会主义核心价值观相重构，以坚定核心价值观引领传统文化自信。

优秀传统文化之所以能够继承、转化和发展，就在于其具有现实的价值对象性——价值对象的功能和效用——进而使“古今之通义”。但现实的价值对象性不是绝对的同一，如果“古今之通义”变成了“古今之同义”，那么优秀传统文化就没有转化和发展的必要性了。优秀传统文化的“出场”确证和决定其“在场”之状态，“在场”旨在保持其持续性；同时，优秀传统文化的当下“在场”并不意味着“永恒在场”，它需要结合新的出场语境、新的出场路径而不断地“出场”；优秀传统文化的不断“出场”又会使其“在场”呈现出差异来。然而，“变化并不否定同一性的存在”。所以，“古今之通义”，既说明传统文化与新文化之间具有“同一性”，古今相通，但不完美，需要结合当下语境、当下路径经过改造才能再出场。如此一来，价值对象性和“古今之通义”的辩证特性成为优秀传统文化能够继承、转化和发展的内在根据。

当然，优秀传统文化既不能被人为地指称为是现代的，更不可能是以“插入”“挤进”等外在方式将其置放于现代之中。如此，创新性转化和创造性发展必须具有内在生命意义。也只有这样，优秀传统文化在现代社会中重获新生。这种具有内在生命意义的“创新性转化和创造性发展”，有三种路径：

一是以时代问题为中心。优秀传统文化所具有的普遍性精神往往是跨社会、跨时间的。所有后来者，只有不持虚无主义态度，才会在既有文明基础上行事，自觉地把握这些重大问题及合理理解这些问题的基本路向，并进一步澄明这些问题。当然，任何澄明都是一种时代性的或者说是历史性的澄明，是那个时代解答社会意识领域中重大问题的理论表达。

二是对文本的再诠释。这里的“文本”不单是考据学意义上的文本，更主要是与当年社会存在相适应的传统文化之历史真相。一个民族精神家园的建设，既不能缺失文本，又不能缺失对于文本的再诠释。再诠释就是当代文化与传统文化跨越历史间距的会通融合。但是，再诠释不能抹去历史的底色，要立足时代的基础，要遵循实践的尺度。否则，再诠释就是任我解释。

三是特定象征符号和词语的不断出场。文本是有特定象征符号和特定表达词语的。这些特定的象征符号和表达词语，是人们生产生活实践经验与知识的呈现。这些特定的象征符号和表达词语的消失，即意味着他们生产生活实践经验与知识的消失。一个不言说传统文化中重要词语、不运用传统文化中标志符号的国度，很难会有自己的精神家园。它们的消失，不仅仅是传统文化载体的消失，更是民族生产生活实践经验与知识的消失，进而也就是中华民族精神史的消失。它们的不断出场，在某种程度上，就是优秀传统文化的永恒在场。

二、坚定革命文化自信

中华民族的革命文化是中国共产党和中国人民在伟大斗争中孕育的，与民族独立、人民解放、国家富强、人民富裕等意涵相互关联，具有强烈的政治意指，是中华民族最为独特的精神标识。如此，无论是虚无中华民族“革命的”文化，还是虚无“关于中华民族革命的”文化，都是对中国革命和新中国历史的完全否定。我们必须正视其危害性，坚定革命文化自信，重视革命文化对于建设中国特色社会主义的价值和意义。

按照历史唯物主义的观点，构成历史的真正的“最后动力”是生产力和生产关系的发展。旧的生产关系一旦不能适应生产力发展就会被新的生产关系所替代。“最后的动力”在社会历史过程中构成了“经济运动”，与其相应而行并对其有能动反作用的有“政治运动”“文化运动”等。一般说来，阶级斗争、科学教育等“政治运动”“文化运动”，是发生革命的“杠杆”或“助产婆”，即促进“经济运动”为自己开辟道路。当然，“政治运动”“文化运动”仅是特定历史阶段的特殊手段，既不能保证、也不可能取代通过发展生产力、解放生产力来促进社会历史发展的常态。

既然导致革命的除了“最后动力”之外，还存在着阶级斗争、科学教育等“杠杆”，那么就不能把革命的发生看成是只有单一的动力，而是多种动力形成合力的结果。当然，社会生活各个领域的各种因素如何综合作用以及形成何种合力，也是由生产力和生产关系的发展所决定的。

这些革命“规律不仅不以人的意志、意识和意图为转移，反而决定人的意志、意识和意图”。在近代中国，由于商品经济和工业化发展破坏了封建社会的经济基础，不过封建剥削制度的根基在当时的社会经济生活中，仍旧占据优势，且与帝国主义和买办资产阶级的剥削相联合，使广大劳动人民在经济上不断贫困化，在政治上毫无民主与自由。面对此种状况，革命成为迫不得已的选择。在“最后的动力”决定下，人民群众的意愿、政治集团的博弈、历史的路径依赖、国际要素的影响等因素都是促成近代中国社会发生革命的重要“杠杆”，它们的综合作用最终使近代中国社会走向了革命。社会主义新中国是经过革命而成立的。

革命的目的是代表先进生产力的先进阶级通过砸碎旧的国家机器、推翻旧的国家政权，建立起维护本阶级利益的统治。中国共产党人继承并发展了马克思主义革命目的观，围绕“民族独立、人民解放”“国家富强、人民富裕”这两大历史任务，领导开展了多项革命运动。从这两大历史任务的横截面来看，实现“民族独立、国家富强”即是为民族谋复兴，实现“人民解放、人民富裕”即是为人民谋幸福。如此，中国共产党的初心便成为革命文化的基本主题。

革命文化蕴含了争取民族独立的现实诉求。近代以来的旧中国，逐渐沦为半殖民地半封建社会，民族危机和社会危机成为当时中华民族面临的双重灾难。如此，推翻帝国主义和封建主义的联合统治，争取民族独立、求得人民解放便成为中国民主革命的首要任务。在此过程中，无数仁人志士进行了艰苦卓绝的斗争。

革命文化体现了追求国家富强的根本理想。中国曾是富庶强大的国家，在近代遭帝国主义殖民入侵之后逐渐陷入民穷国困、民生凋敝的境地。如此以来，实现国家富强便是近代国人的根本理想。中国共产党人在争取民族独立的同时肩负起实现国家富强的责任。在战争时期，通过革命为发展经济创造相应的条件。中华人民共和国成立后，逐渐建立起先进的工业国和独立完整的工业体系，生产力总体落后的状况不复存在，经济总量稳居世界第二位。

革命文化彰显了实现人民幸福的终极目的。中国共产党从建党确立革命纲领，中经国民革命、土地革命、抗日战争、解放战争，到社会主义革命，直至当下为实现美好生活而奋斗，始终为民族谋复兴、为人民谋幸福，具有无上崇高性。

源于革命实践的崇高性。实践作为渗透着主观能动性的改造世界的物质活动，是“要求和外部现实性”的统一。主体通过实践活动，把外部现实的假象、外在性和虚无性消灭掉，使其成为客观真实的现实。近代中国之革命历史，是争取民族独立、追求国家富强、实现人民幸福的历史，正是在这一征程中，中国共产党和中国人民群众的本质力量得以确证，崇高性便在这种文化当中呈现出来。既因勇于斗争的勇气和决心而崇高，更因战胜强大的敌对力量而崇高。

源于革命精神的崇高性。面对帝国主义、封建主义、官僚资本主义联合统治与剥削，中国共产党人和中华儿女在革命实践中，脉承“王侯将相宁有种乎”和对资本剥削的批判，形成了红船精神、井冈山精神等革命精神，并不断内化为革命中对公平正义之追求。这种革命精神不仅有效地推进了革命，也有效地推进了革命成功之后的建设，成为新时期社会建设、国家发展的精神支柱和动力源泉。

源于革命英雄的崇高性。在中国革命和建设史上，雷锋、焦裕禄、朱伯儒、董存瑞、邱少云、王进喜等人，超越了常人不易超越的某种本能，成为民族脊梁、道德榜样，是中华民族最闪亮的时代坐标，是中华儿女奋勇前进的勇气和力量所在。在百年未有之大变局中，在全面建设社会主义现代化国家和实现民族复兴的关键时期，我们不仅需要崇尚英雄、学习英雄、捍卫英雄、关爱英雄，更是需要产生这样的英雄。

革命文化作为中国特色社会主义文化的重要组成部分，在任何一个新的历史时期，都应该经过再生产而弘扬之，将其红色基因传承好。当然，革命文化再生产不是对某一（些）文化物的再生产，即不是单一化与碎片化的再生产，而是呈现其整体性的再生产，以维护社会连续性。从结构来看，再生产包括三个方面：

其一，革命文化的形式再生产。即把革命战争遗址、纪念碑、领袖故居、烈士陵园等物质文化，革命回忆录、小说、戏曲等精神文化，革命理论、纲领、方针、路线、政策等制度文化保护好、管理好、利用好，形成社会记忆。

其二，革命文化的内容再生产。每项文化形态都有其具体内容，举凡革命所承载的一切文化信息，包括过程、文化、传统、知识等都是革命文化的内容。社会记忆深不深、牢不牢、记住之后是“死记”还是“活用”，取决于革命文化的内容再生产状况。它是过去发生的革命之“事”在当下的“叙”。选择“讲什么”和“怎么讲”，可以深化革命文化询唤信仰、承担主流意识形态之功能。

其三，革命文化的意义再生产。即把革命文化经过历史性开掘、现代性转化，提炼出革命文化的精神标识，而形成共同价值和象征意义，使革命文化成为新文化和新思想的资源。

三、坚定社会主义先进文化自信

文化有先进和落后之分。能否推动人类社会的进步、促进人的全面自由发展，这是文化是否具有先进性的根本尺度。社会主义文化是在历史发展规律视域中的、人的自由全面发展目标下的价值判断，其先进性表现在对社会发展规律的科学认识和促进人的全面自由发展之上。

社会上，有些人不顾事实，没有看到中国共产党推动中国社会发生深层次的、根本性的历史性变革，而妄称中国人民仍生活在水深火热中，亟须西方文明的救赎；有些人没有看到中国社会主义建设和改革所取得的全方位的、开创性的历史性成就，贩卖“社会主义歧途论”，妄称资本主义道路可以发展中国；有些人没有看到社会主义制度的优越性，而是妖魔化社会主义制度，鼓吹“历史终结论”；有些人没有看到中国改革开放前后的社会历史条件之差异，或是用改革开放前的历史否定改革开放后的历史，或是反之。

这些归结起来就是质疑与否定中国共产党的领导，质疑与否定马克思主义的指导地位，质疑与否定社会主义制度。

事实上，在中华人民共和国成立后，中国共产党着手进行社会主义改造。文化领域中的社会主义改造，主要体现在三个方面：一是在思想文化领域开展了非马克思主义与反马克思主义思潮的批判，巩固了马克思主义在思想文化领域的指导地位。二是提出了“双百”方针并对其系统阐述，这是该时期最为突出的文化建设成就。三是通过建立电影放映网与电影工业、在生产合作社重点建立收音站、汉字简化、推广普通话、扫除文盲、发展综合性大学、发展高等师范教育、发展科学技术等措施，繁荣了文学艺术，发展了教育科学文化事业。改造完成后，中国共产党带领人民对社会主义建设道路开始艰辛探索。在思想文化领域中，通过转变知识分子政策，正式确立“双百”方针，召开向科学进军，培育民族精神，先进文化建设取得了显著成就，不仅涌现了红旗渠精神、雷锋精神等，而且文化艺术大放光彩，创作出《洪湖赤卫队》《红岩》等文艺作品，教育事业更是蓬勃发展。党的十一届三中全会后，中国共产党在思想文化领域开展拨乱反正工作。但在文艺界生机勃勃的同时，由于西方思潮的引入，思想文化领域有了“去政治化”的倾向，甚至使文化虚无主义盛行起来，特别是苏联解体、东欧剧变后，一时间“历史终结论”“社会主义失败论”甚嚣尘上。如此，在政治风波之后，中国共产党作为“始终代表中国先进文化的前进方向”者全面解答“中国特色社会主义文化”之命题，“以科学的理论武装人，以正确的舆论引导人，以高尚的精神塑造人，以优秀的作品鼓舞人”①，全力推进中国先进文化建设工作进入新世纪。

新世纪面临新情况、新课题。人民群众对精神文化的需要不再停留在“有没有”上，而是跃升到“好不好、精不精”。故而，中国共产党领导先进文化建设，不仅要满足人民群众越来越多的数量需求，还要满足人民群众越来越高的质量要求。如此，于内，中国共产党不断深化文化体制改革，不

① 中共中央文献研究室．改革开放三十年重要文献选编：下［M］．北京：中央文献出版社，2008：1260.

仅把发展文化产业纳入国民经济发展体系之中，还积极推进公共文化服务体系建设，实施文化惠民工程；于外，在更高层面、更大范围、更多领域促进中华文明同世界其他文明深度交流交融。尽管文化的差异性是不同文化形态交流交融的基础，且文化的多元化给人们带来多样性选择，但也是文化交锋的条件，能够引起差异化价值观念的冲突与矛盾。为把牢意识形态领导权，引领社会思潮发展，中国共产党着力建设社会主义核心价值体系，以消除新自由主义、民粹主义、民主社会主义、新左派、复古主义等非马克思主义思潮对人民群众的消极影响，并推动中国特色社会主义文化进入新时代。

在“百年未有之大变局”的新时代，面对思想文化领域呈现出前所未有的多元、多样、多变的复杂情况，中国共产党着力从国家、社会、公民个体三大伦理实体进行了“精神”建构，以期培育“我”成为“我们”的伦理觉悟。①

面对世界文明交流交融交锋的新特点，文化竞争的新情况，中国共产党一方面推动优秀传统文化创造性转化和创新性发展，将中华优秀传统文化传承发展上升为国家文化发展战略，另一方面对思想宣传、文学艺术、新闻舆论、网络信息、党校工作、学校思政、哲学社会科学等进行全面领导，不断增强意识形态领域主导权。同时不断加强国际话语权建设以解决“挨骂”问题。

面对文化融入经济社会的新动态，中国共产党全力解决文化领域供给总量欠充分、供给结构不合理的问题，促进文化事业产业高质量发展。在文化事业方面，重点是促进城乡、区域文化均衡发展，保障人民群众基本文化权益，推动公共文化服务社会化发展。在文化产业方面，建立健全现代文化市场体系，准许社会资本参与对外出版、网络出版；允许国有影视制作机构、文艺院团“混合”经营；支持小微文化企业发展。正是先进文化建设新格局的不断形成，人民群众的文化自信不断增强。

中国共产党不断凝练经验、升华经验，为建设社会主义文化强国积蓄力量。

---

① 樊浩．中国社会价值共识的意识形态期待［J］．中国社会科学，2014（07）．

一是坚持党的领导和马克思主义的指导地位。领导中国特色社会主义事业的核心力量是中国共产党。回首百年历程，从改造旧文化到建设中国特色社会主义新文化，再到构建新时代中国特色社会主义文化新格局，坚持中国共产党对先进文化建设的领导，是建党之初就已确立的基本原则。在这百年历程中，中国共产党顺势而为，深入分析不同历史阶段先进文化建设面临的新形势、新情况、新课题，深刻认识不同历史阶段先进文化建设的重要性和紧迫性，自觉肩负先进文化建设的政治责任，把先进文化建设不断推向前进。

历史已经证明，现实正在证明，未来继续证明，我们什么时候念好马克思主义这本“真经”，中国先进文化就能实现大发展大繁荣；什么时候念歪马克思主义这本“真经”，思想文化领域就可能发生颠覆性错误。因此，建设中国的先进文化，马克思主义“一定不能丢，丢了就丧失根本”①。

二是坚持中国特色社会主义文化发展道路和话语体系。尽管中国特色社会主义文化发展道路不是在中国共产党成立之初就已确立的，但中国共产党始终遵循“坚持以马克思主义为指导”“坚持中国先进文化前进方向”“坚持以人民为中心”“坚持发扬中华优秀传统文化”“坚持发展公益性文化事业”等发展中国特色社会主义文化必须遵循的基本原则。纵观百年历程，中国共产党正是在遵循这些基本原则的基础上，推进优秀传统文化传承与创新、处理价值观念激荡、满足人民群众对美好文化生活需求、提升国家软实力的进程中独立自主地走出一条具有中国特色的文化现代化新路。建设社会主义文化强国，既是先进文化建设战略思想合乎历史与逻辑的发展，同时也是为实现民族复兴而作出的战略选择。“建设社会主义文化强国，必须走中国特色社会主义文化发展道路”②。

中国特色话语体系是内含马克思主义立场、观点和方法，彰显中国智慧，体现中国主张的多层次话语系统。纵观百年历程，中国共产党立足中国革命建设改革实践、科学的指导思想以及中华民族厚重的历史文化，顺应世

① 习近平谈治国理政：第一卷［M］．北京：外文出版社，2018：9.

② 中共中央文献研究室．十八大以来重要文献选编：上［M］．北京：中央文献出版社，2014：26.

界形势和时代特征的发展趋势，自觉地讲“马”话、讲“中”话、讲“新”话，用党的创新理论武装全党全民，统一了思想、凝聚了力量，用中国智慧关照世界问题，为解决全球性问题提供了新思维、新范式、新方案，极大地增强了社会主义先进文化的软实力。

三是坚持以人民为中心和“双百”方针。中国共产党一刻也没有忘记“为了谁”，始终坚持文化发展为了人民，文化发展成果由人民共享；始终把满足人民群众的精神文化需求，保障人民群众基本文化权益，作为矢志不渝的奋斗目标。中国共产党一刻也没有忘记“依靠谁”，始终尊重人民的首创精神，坚持人民主体地位，使全社会的文化创造活动充满活力。中国共产党在领导先进文化建设过程中始终把服务群众与教育群众相结合、满足需求与提高素养相结合，极大地促进了人的发展。

“百花齐放、百家争鸣”是繁荣文化事业、发展文化产业的基本方针。纵观百年历程，中国共产党应用辩证思维、战略思维正确地处理了“一”与“多”的关系，在坚持马克思主义指导地位的同时，又始终坚持“双百”方针。同一是差异的同一，没有差异就没有同一，不同的音符构成最美的乐曲。因而，“百家争鸣、百花齐放”不仅不应成为导致文化问题的根据，相反应该成为推进文化发展、增强文化自信的必要条件。

四是坚持古为今用和洋为中用。中华优秀传统文化是中国先进文化的重要组成部分，但优秀传统文化既不能被人为地指称为是现代的，更不可能是以“插入”“挤进”等外在方式将其置放于现代之中，唯有经过创新性转化和创造性发展，方能在现代社会中重获新生。

在民族史发展至世界史之后，各国各民族必须进行“文明交流”以及“文明地交流”。纵观百年历程，中国共产党始终强调文明的差异不是交流的沟壑，而应当成为交流的桥梁与动力。

五是坚持推进文化治理现代化。不断完善和优化文化发展的制度框架与体制机制，破除文化建设的结构性、深层次障碍和瓶颈，激发文化创造活力，提升文化治理能力现代化水平，是增强我国文化自信、建设社会主义文化强国的必由之路。纵观百年历程，中国共产党始终将坚持马克思主义在意识形态领域指导地位作为根本制度，强化文化软实力建设的核心价值观引领制度，完善保障人民文化权益的服务制度，优化突出舆论正向引导的传播工作机制，升级社会效益为首位、“双效益”相统一的文化生产机制。

参考文献

一、著作类

[1]毛泽东选集:第二卷[M]. 北京:人民出版社,1991.

[2]邓小平文选:第二卷[M]. 北京:人民出版社,1994.

[3]江泽民文选:第二卷[M]. 北京:人民出版社,2006.

[4]江泽民文选:第三卷[M]. 北京:人民出版社,2006.

[5]习近平谈治国理政:第一卷[M]. 北京:外文出版社,2018.

[6]习近平谈治国理政:第二卷[M]. 北京:外文出版社,2017.

[7]习近平谈治国理政:第三卷[M]. 北京:外文出版社,2020.

[8]中共中央文献研究室. 习近平关于社会主义文化建设论述摘编[M]. 北京:中央文献出版社,2017.

[9]马芳若. 中国文化建设讨论集:上[C]. 上海:经纬书局,1935.

[10]马芳若. 中国文化建设讨论集:中[C]. 上海:经纬书局,1935.

[11]马芳若. 中国文化建设讨论集:下[C]. 上海:经纬书局,1935.

[12]钟离蒙,杨凤麟. 中国现代哲学史资料汇编:第二集第一册[G]. 沈阳:辽宁大学哲学系,1982.

[13]钟离蒙,杨凤麟. 中国现代哲学史资料汇编:第二集第六册[G]. 沈阳:辽宁大学哲学系,1982.

[14]蔡尚思. 中国现代思想史资料简编:第三卷[C]. 杭州:浙江人民出

版社,1983.

[15]蔡尚思．中国现代思想史资料简编:第四卷[C]．杭州:浙江人民出版社,1986.

[16]高军,李慎兆,严怀德,王桧林,等．中国现代政治思想史资料选辑:上册[C]成都:四川人民出版社,1984.

[17]封祖盛．当代新儒家[M]．北京:生活·读书·新知三联书店,1989.

二、期刊类

[1]从予．关于特殊性[J]．文化建设,1935(7).

[2]室伏高信．中国思想界的巨浪[J]．文化建设,1935(12).

[3]陶希圣．对于《中国本位文化建设宣言》的补充说明[J]．教育短波,1935(27).

[4]于斌．文化建设商榷[J].新北辰,1935(1).

[5]陕甘宁边区文化界救亡协会．我们关于目前文化运动的意见[J]．解放,1938(39).

[6]周扬．对旧形式利用在文学上的一个看法[J]．中国文化,1940(1).

[7]艾思奇．抗战中的陕甘宁边区文化运动[J]．中国文化,1940(2).

[8]洛甫．抗战以来中华民族的新文化运动与今后任务[J]．中国文化,1940(2).

[9]茅盾．旧形式、民间形式与民族形式[J]．中国文化,1941(1).

[10]何其芳．论文学上的民族形式[J]．中国文化,1941(3).

[11]郭沫若．“民族形式”商兑[J]．中国文化,1941(1).

[12]吴同瑞．以弘扬中华优秀文化为己任——北京大学中国传统文化研究中心学术活动综述[J]．北京大学学报(哲学社会科学版),1998(2).

[13]易小明．自发的类与自觉的类[J]．哲学动态,2002(3).

[14]封海清．从文化自卑到文化自觉——20 世纪 20 - 30 年代中国文化走向的转变[J]．云南社会科学,2006(5).

[15]顾乃忠．评《甲申文化宣言》的学理基础[J]．南京大学学报,2006(1).

[16]顾乃忠．再评《甲申文化宣言》的学理基础[J]．江苏行政学院学报，2006(4).

[17]解丽霞．理解错位与文化研究症结——20 世纪以来三次“文化宣言”的解读问题[J]．华南理工大学学报(社会科学版),2009(1).

[18]俞祖华,赵慧峰．三份宣言:文化保守主义思潮的典型文本[J]．东岳论丛,2009(1).

[19]王彦坤．国学热的持续升温与值得思考的几个问题[J]．暨南学报(哲社版).2009(1).

[20]刘述先．当代新儒家对西方哲学的回应[J]．深圳大学学报(人文社会科学版),2012(1).

[21]罗志田．道出于三:西方在中国的再次分裂及其影响[J]．南京大学学报(哲学．人文科学．社会科学),2018(6).

[22]干春松,MishaTadd. 从 1958 年的《为中国文化敬告世界人士宣言》看港台新儒家的问题意识[J]．孔学堂,2018(4).

三、报纸类

[1]许嘉璐等．甲申文化宣言[N]．中国青年报,2004 - 09 - 08(B2).

[2]袁伟时．评《甲申文化宣言》[N]．南方都市报,2004 - 09 - 21(04).

[3]楼宇烈．国学百年争论的实质[N]．光明日报,2007 - 01 - 11(010).

[4]毕全忠．国学,在燕园又悄悄兴起[N]．人民日报,1993 - 08 - 16(03).